山西大同大学基金资助
山西省哲学社会科学规划课题资助（2020YY183）
山西省大同市科技计划软科学课题资助（2020157）
山西省社会科学院课题资助（YWYB202110）

战略性新兴产业金融支持研究

吴海燕　著

中国商业出版社

图书在版编目（CIP）数据

战略性新兴产业金融支持研究 / 吴海燕著. -- 北京：中国商业出版社，2021.10
ISBN 978-7-5208-1796-7

Ⅰ. ①战… Ⅱ. ①吴… Ⅲ. ①新兴产业－产业发展－金融支持－研究－中国 Ⅳ. ① F269.24

中国版本图书馆 CIP 数据核字（2021）第 187057 号

责任编辑：吴　倩

中国商业出版社出版发行
（www.zgsycb.com　100053　北京广安门内报国寺 1 号）
总编室：010-63180647　编辑室：010-83128926
发行部：010-83120835/8286
新华书店经销
三河市德贤弘印务有限公司印刷
*
710 毫米 ×1000 毫米　16 开　14 印张　222 千字
2022 年 4 月第 1 版　2022 年 4 月第 1 次印刷
定价：80.00 元
* * * *

前　言

2020 年新冠肺炎疫情暴发，全球经济发展受到冲击。在这种严峻的形势下，不论是发达国家还是发展中国家，为尽快从低迷经济中走出，各国都根据本国实情，进行新的战略调整。新时期新背景下的战略性新兴产业发展成为关键。

2020 年 9 月 23 日，国家发展改革委联合相关部门印发《关于扩大战略性新兴产业投资 培育壮大新增长点增长极的指导意见》，提出了扩大战略性新兴产业投资等多项支持政策。该指导意见提出，要大力推动重点工程和重大项目建设；加快在一些新材料领域实现突破；实施新材料创新发展行动计划，提升特色资源在生产领域的应用等。但是这些重点产业都存在高投入、高风险、周期长的特点，这就使得企业在融资上遇到了很大困难。为了解决遇到的这些问题，就需要研究金融对战略性产业的支持现状、存在的问题，进而提出解决的策略。

本书是在完成2020年度山西省哲学社会科学规划课题、大同市科技局软科学课题“战略性新兴产业金融支持研究”的基础上写作而成的，书中的实证资料来自山西省大同市。

本书在写作过程中，广泛参阅了相关专家、学者的文献资料。由于时间和水平有限，本书难免会有不足之处，恳请同行专家与读者予以批评指正。

作　者

2021年4月

CONTENTS

目　录

第一章

第一章　导　论

在诸多利好政策支持下，近年来我国战略性新兴产业实现快速发展，充分发挥了经济高质量发展引擎作用。同时，产业发展呈现出重点领域发展壮大、新增长点涌现、创新能级跃升、竞争实力增强等诸多特点，形成了良好的发展局面。全球化带来的技术扩散红利弱化将对我国战略性新兴产业自主创新能力的提升提出更高的要求。统筹用好各级各类政府资金、提升金融服务水平、推进市场主体投资将会是“十四五”期间新兴产业快速发展的主要手段。

第一节　战略性新兴产业相关概念

一、战略性新兴产业的概念

（一）产业的概念

产业是指成熟的独立部门，比如物流业、工业、农业等。产业的概念比较复杂，在一些理论学派的定义中主要指经济社会的物质生产部门。基本含义：①介于宏微观的中观经济；②具有多层次性的特点；③外延会随着社会的进步不断扩展。

（二）战略性新兴产业的概念

战略性新兴产业是指成长潜力巨大、对社会 GDP 发展起着重要作用的产业，是新兴科技和新兴产业的深度融合，既代表着科技创新的方向，也代表着产业发展的方向，具有带动能力强、综合效益好等特征的产业。

二、战略性新兴产业金融支持体系的界定

什么是金融，金融的本质是什么？这个问题看似简单，但至今国内外理论界观点各异，未形成统一的意见。从百度上查询金融，给出的定义是：金融是货币资金融通的总称。

战略性新兴产业是新兴科技和工业、金融、商业的深度融合，其高科技、高投入、高风险、资本密集型、投资周期长、正外部性等特性，决定其必须得到金融的大力支持，应该有完善的金融体系与之相匹配。从这个意义上，我们把金融对新兴产业的支撑、推动和促进，称为战略性新兴产业金融支持体系。①

第二节　战略性新兴产业金融支持研究现状

一、国外研究现状

国外的战略性产业金融支持模式呈现多元化的格局：美国是主要以证券市场为主导的融资模式；日本是银行主导型融资体系；巴西把资金投向信息科技、航天科技、新能源、新材料等领域的基础设施；印度提出“包容性创新”概念，设立包容性创新基金，该基金中的一部分项目主要是为中小企业的基础设施建设提供资助；英国投入巨额资金资助创新型企业成长。2017 年英国政府宣布了 10 年行动计划，提出要在未来 10 年间释放超过 200

① 梁茹，凌江怀．战略性新兴产业金融支持研究［M］．北京：科学出版社，2013.

亿英镑的资金资助创新型企业成长。为实现这一愿景，英国政府于 2018 年又推出了一揽子举措，其中包括成立"英国耐心资本"（British Patient Capital）项目、释放养老金投资、为投资知识型企业进一步减免税收等。

二、国内研究现状

中国金融体系的特点是银行为主导，占 80%，金融市场为补充，占 20% 的格局。正是由于战略性新兴产业的高风险性，所以通过风险资本融资是以后的发展趋势。

经过快速发展，到 2021 年，中国银行业共有机构接近 5000 家，主要包括开发性金融机构、政策性银行、国有大型商业银行、信托公司、货币经纪公司、企业集团财务公司、小额贷款公司、租赁公司等。2020 年银行业金融机构总资产达到 320 万亿元（见图 1-1），2020 年银行金融资产份额所占比例见图 1-2。

尽管总数在逐年增加，但还是存在融资难、融资贵的问题，金融体系支持力度不足成为痛点，主要体现在：一是资本市场成熟度与发达国家相比相差甚远；二是资本市场层次不够丰富；三是成熟的信贷支撑体系尚未建立；四是金融监管手段单一。

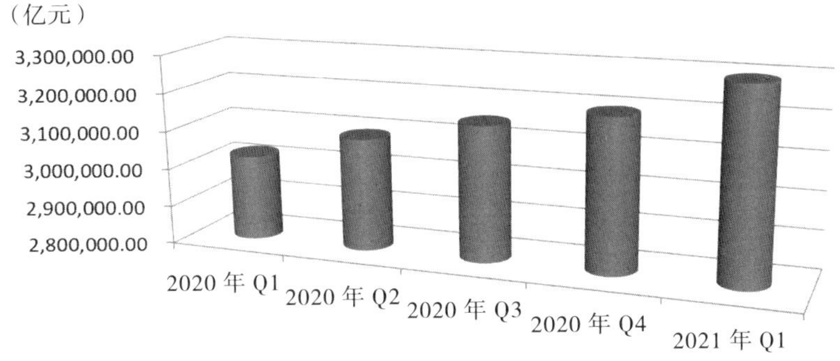

图 1-1 2020 年 1 月 -2021 年 3 月银行业金融机构总资产数据

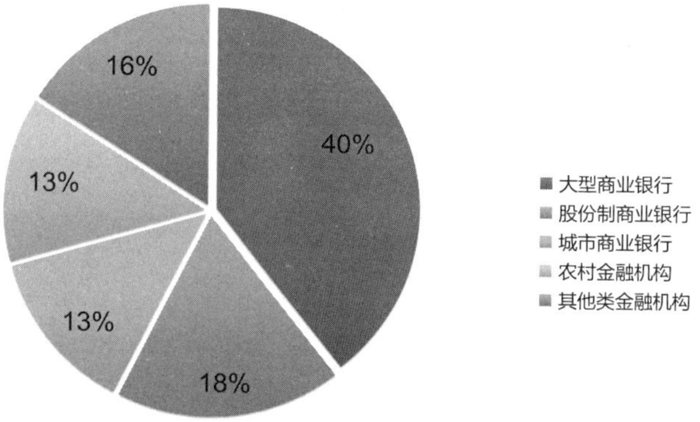

图 1-2　2020 年银行业金融资产份额

第三节　战略性新兴产业金融支持发展现状

一、不断扩大产业规模

一是发展速度快。2020 年上半年，规模以上工业战略性新兴产业增加值比上年同期增长 2.9%，规模以上工业高技术制造业增加值同比增长 4.5%，而同期全部规模以上工业增加值同比下降 1.3%。二是盈利状况好。2018 年战略性新兴产业上市公司盈利表现良好，利润率为 9.3%，高于同期上市公司总体（剔除金融类）1.0 个百分点。三是投资活力高。2016—2017 年共有 203 家战略性新兴产业企业在 A 股融资上市，共融资 1273 亿元，占同期 A 股 IPO 募资总额的 33.6%。四是企业信心足。2018 年上半年，在复杂严峻的国内外环境下，战略性新兴产业企业家信心指数保持高位运行，2017 年以来连续五个季度保持在 150 以上，处于较强景气区间（见图 1-3）[①]。

① 中国工程科技发展战略研究院 .2019 中国战略性新兴产业发展报告 [M]. 北京：科学出版社，2018.

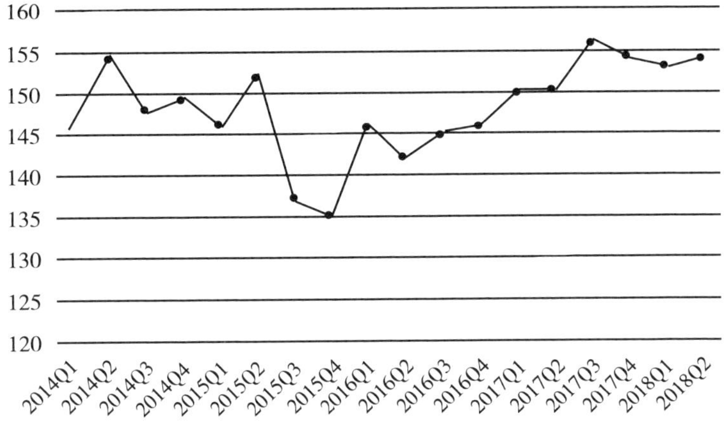

图 1-3　2014 年以来战略性新兴产业企业家信心指数

二、多举措强化金融支持

金融是引导社会资源流向的重要手段，提升资源配置效率，加强战略性新兴产业支持力度离不开金融体系的调整。一是加强专业化指导。帮助金融机构准确把握和支持战略性新兴产业的有效金融需求。联合行业协会等部门，加强行业指导和信息互通，搭建业务支持平台，组建重点企业名单、重点项目库及行业专家库，及时传递行业、企业、项目相关信息。组织发布对相关政策、行业、技术的解读，帮助了解发展趋势及风险特征。加大金融机构面向战略性新兴产业的人才培养力度，定期开展新兴产业相关培训交流。二是推动实施差异化监管。适当提高不良容忍度，通过定向降准、纳入宏观审慎评估体系等手段激励商业银行加大对战略性新兴产业的支持。给予新一批投贷联动试点资质，允许银行设立专门负责新兴产业股权投资的子机构，并相应调整监管尺度和标准。三是加强多元化支持。通过建立多层次、多样化、多渠道的金融体系，包括资本市场、货币市场、保险市场等，为处在不同生命周期的战略性新兴企业提供多元化融资支持。大力引导创投基金加强对处于种子期和创业期的战略性新兴产业企业的资金支持。四是推进制度化改革。健全风险分摊和风险补偿机制，建议建立战略性新兴产业信贷风险补偿基金，规范战略性新兴产业补贴资金制度执行。进一步完善知识产权登记、评估、交易机制，加强知识产权流通平台建设，促进知识产权交易流通，鼓励银行接受拥有自主知识产权的轻资产企业采用知识产权质押进行融资。以优化分层为抓手，完备“新三板”支持战略性新兴产业企业的市场功能与服务，如在现有分层基础上增设精选层，定位于承载符合国家创新战略发展的少数新兴产业挂牌公司，并针对不同市场层次设置不同的投资者适当性标准，吸引优质资本投入精选层和创新层公司。加快修改完善上海证券交易所现有发行制度中不适应战略性新兴产业发展的相关条件和安排，在条件成熟的情况下，在A股市场建设支持战略性新兴产业发展的专门层次。

三、国际竞争力增强

中国新能源发电装机量、新能源汽车产销量等处于世界领先水平。华为、阿里巴巴、腾讯等创新引领型巨头企业入围世界500强并具备国际影响力。战略性新兴产业的多个重点工业对中国整体规模以上工业出口增长的贡献率达到新高。我国积极制定和推广国际技术标准，对接国际最新技术发展要求。

第二章

第二章　金融发展支持战略性新兴产业成长的理论基础

现代金融发展理论认为，金融发展就是金融部门发挥促进技术创新与资本积累的基本功能，通过促进产业发展来实现推动经济增长。由于创新在战略性新兴产业成长中独一无二的重要地位，产业发展同样离不了金融发展。事实上，由熊彼特开创的创新经济理论一直将产业波动与创新之间的关系作为研究重点。围绕着产业的生命周期波动、产业结构的调整、产业间的兴替，熊彼特主义产业创新发展经济理论十分关注创新对产业发展的驱动作用，也十分关注金融发展作为外部条件对产业创新发展所起到的关键作用。因此从理论上分析，金融发展支持战略性新兴产业发展，离不开金融发展理论与创新经济理论。

第一节　发展经济学框架下的金融发展理论

自银行产生以来，人们就一直在思考金融在经济增长中的作用。金融发展理论是随着发展经济学的产生而产生的，但在发展经济学的第一阶段（20 世纪 40 年代末到 60 年代初期），西方经济学家并没有对金融问题进行专门研究，因为此阶段结构主义发展思路处于主导地位，在唯计划、唯资本和唯工业化思想的指导下，金融因成为工业化、计划化和资本积累的工具而处于附属和被支配地位，其发展受到了忽视。

60 年代中期以后，发展经济学进入第二阶段，新古典主义发展思路取代结构主义思路而处于支配地位，市场作用受到重视，金融产业的发展才有了合适的空间。金融发展理论，主要研究的是金融发展与经济增长的关系，即研究金融体系（包括金融中介和金融市场）在经济发展中所发挥的作用，研究如何建立有效的金融体系和金融政策组合，以最大限度地促进经济增长，以及如何合理利用金融资源以实现金融的可持续发展，并最终实现经济的可持续发展。

"二战"后，一批新独立的国家在追求本国经济发展的过程中，不同程度地都受到储蓄不足和资金短缺的制约。金融发展滞后和金融体系运行的低效是抑制经济发展的深层次原因。20 世纪 60 年代末至 70 年代初，一些西方经济学家开始从事金融与经济发展关系方面的研究工作，以雷蒙德·W. 戈德史密斯（Raymond W. Goldsmith）、格利（John G. Gurley）和 E.S. 肖（Edward S. Shaw）、罗纳德·麦金农（Ronald L. Mckinnon）等为代表的一批经济学家先后出版了以研究经济发展与金融发展为主要内容的专著，从而创立了金融发展理论。

一、金融结构、金融发展与经济增长

由于之前的研究没有对金融机构、金融工具、金融发展等概念进行明确的定义，因此有关金融与经济增长的研究都只是定性而不是定量地进行分析。戈德史密斯创造性地提出金融结构的概念，并借助金融结构概念表述金融发展水平，运用 35 个国家长达百年的历史资料进行定性与定量分析，开创了金融发展理论研究的基本范式。戈德史密斯认为研究金融发展与经济增长之间关系的前提是弄清楚现存的金融结构及其变动。金融结构就是不同形式与性质的金融工具与金融机构及其相对规模的总和。为了能定量分析金融结构，戈德史密斯提出了八个可以量化的指标：第一是金融相关率，用某时点的金融资产总额与国民财富总和之比来衡量；第二是不同金融工具余额占总金融工具余额的比重和主要经济部门中金融资产(种类)分布状况；第三是金融资产总额与各类金融工具余额在各个经济部门之间及其子部门之间的分布；第四是各类金融机构的金融资产占所有金融机构资产总和的比重；第五是所有金融资产存量总和中由金融机构持有的比例；第六是从金融工具种类与金融工具不同经济部门的分布两个维度刻画出金融工具的持有者与发行者关系；第七是上述所有指标的流量变化；第八是以资金来源与运用报表为工具,分析各部门与子部门的资金来源与运用在形式上和与合作者之间的关系,从而确定各部门资金来源是来自内部积累还是外部融资,以及确定外部融资中来自金融机构的比重。

依据上述八类指标,可以将各国的金融结构大致分为三类：第一类的主要特征是金融相关率很低、债权融资比重远超股权融资、金融机构以商业银行为主体,这一类金融结构标志着金融发展处于初级阶段；第二类金融结构与第一类相似,但政府与政府控制的金融机构发挥着极大的作用且储蓄率与投资率比较低；第三类就是工业化国家的金融结构,特征为金融相关率高、债权融资稍大于股权融资比重、金融机构的多元化十分明显,这类金融结构标志着金融发展处于高级阶段。戈德史密斯指出金融发展就是金融结构的变化,不论一国的金融结构在什么时间、以什么阶段作为起点,由第一、第二类向第三类结构变化的金融发展是必然的道路。考虑政府在国家经济中的作用,这种以金融结构变化为标志的金融发展轨迹主要有两种：一种是在市场力量作用下自我发展,另一种则是在政府干预下发展,前者的效率与效果要好于后者,因此这两种轨迹从经济内在规律上来说也存在内生性的并轨倾向。从历史资料来观察,戈德史密斯发现经济增长与金融发展之间存在“可观测到的粗略平行关系”,随着社会财富的增加与人均收入的增长,金融结构也表现出规模的不断增大和结构的日趋复杂,而且经济飞速增长时期亦是金融发展速度较高的时期。但是他也坦承这种依据历史数据观察得到的金融发展与经济增长存在并行关系并不能说明金融发展就能促进经济增长。

尽管戈德史密斯没有揭示金融发展与经济增长之间的因果关系,但是他提出的金融结构概念奠定了金融发展理论的基础。

首先，从结构与规模角度考察金融部门与实体经济部门的关系，将古典经济学有关货币、信用、银行、金融市场等金融概念首次统一在一个理论框架下，开创了现代宏观金融学的理论基础。其次，引入金融相关率、金融结构比重、股权融资与债权融资比重、银行与其他金融机构的比例等分析指标，为从定量角度考察金融发展水平、金融发展与经济增长关系等提供了一整套完整、简单、直观的计量指标，成为当代金融发展理论研究广泛应用的基本量化工具。

二、金融抑制、金融深化、金融发展与经济增长

麦金农（1973）和肖（1973）以发展中国家为对象，提出了“金融抑制论”与“金融深化论”，在学术界和实务界引起了巨大反响。尽管麦金农和肖的分析在方法和路径上并不相同，但两人分析的前提、所得到的结论和提出的政策框架等都非常接近，所以，他们的理论又经常被合称为麦金农—肖模型。

麦金农以发展中国家作为考察对象，认为发展中国家的经济主体（企业与个体经营者）面对的要素市场具有不同的实际价格，这导致了发展中国家的“经济分割”现象。经济分割使发展中国家的经济主体难以获得相同的技术水平，只能以自我积累的“内源融资”为基础在自己所拥有的技术水平下进行生产，并获得相应的收益率。显然，在分割经济中存在大量多元化且不熟练的收益率水平。在发达国家经济中的资本市场能充分发挥要素配置功能，通过有效调动储蓄与投资来推动实体资产与金融资产的收益趋向均等。但是由于分割，发展中国家的资本市场难以将多元化的收益率水平导向一致，因此发展中国家政府往往担心私人部门不能有效地把握投资机会，会对经济实施各种干预。这种干预表现在资本市场上对包括利率与汇率在内的资金价格进行严格管制，主要表现为设定利率上限、利息最高额、实施基于固定汇率制度的外汇管制等①。然而干预政策导致发展中国家金融市场以利率与汇率为主的价格体系发生严重扭曲，在高通胀的侵蚀下维

① 石璋铭．战略性新兴产业发展的金融支持机制研究——基于金融发展的视角[D]．武汉：武汉理工大学，2014：3.

持低利率或负利率并没有刺激社会储蓄积累和减少低效率的投资,反而削弱了银行吸收媒介社会储蓄转化为投资的作用,导致经济发展受资本不足的困扰而步履蹒跚。麦金农将这种现象称为“金融抑制”。

金融抑制政策的理论根源主要是由于对政策的滥用,其手段则包括以下四种。

(1)压低利率。使通货膨胀率居高不下,实际利率进一步地被大大压低,甚至为负数。赤字财政和低利率都是凯恩斯主义刺激经济增长的政策处方。

(2)实行信贷配给。实际利率过低,必然导致储蓄率低下以及对投资资金的需求旺盛,而持续的高通货膨胀则更加恶化了这种状况。为解决资金供求严重失衡问题,发展中国家通常实行信贷配给,使资金流向特权企业手里,其结果是投资效益十分低下。这使得我们在发展中国家看到了一种奇特的景观:一方面资金十分短缺,另一方面资金使用效率极低。

(3)对金融机构实施严格的控制。为了便于实行信贷配给,发展中国家又对金融机构实施严格的控制。这种控制涉及方方面面,包括对金融机构要求很高的法定准备金和流动性,使得政府获得了大量资金的支配权;限制不利于政府对资金控制的非银行金融机构的发展,对金融机构实施国有化,或设立一些特别的信贷机构。

(4)高估本币汇率。资本品的匮乏是制约发展中国家经济增长的一个重要因素,但高估本币币值的一个必然后果是刺激进口需求,压制出口动力,而发展中国家的国际竞争力本来就弱,因此,外汇的供求会更加失衡。

麦金农认为,在发展中国家,货币与实物资本的关系不是替代而是互补。原因在于:第一,经济体系的分割性导致投资依赖于内源融资。第二,投资具有不可分割性。实物投资必须达到一定规模才能获得收益,企业要投资必须在一开始就具有相应规模的资金。货币积累数量越大,实物资本的投资也就越大。反过来,实物资本的投资越大,需要积累的货币数量也就越大。货币和实物资本不再彼此替代,而成为互补品。

为了说明上述互补关系，麦金农针对发展中国家提出了一个货币需求函数①：

$$\left(\frac{M}{P}\right)^{D}=L\left(Y,\frac{I}{Y},d-P^{*}\right)$$

式中，M 是名义货币量；P 是价格水平，为实际货币需求余额；Y 为名义收入；I 为投资；$\frac{I}{Y}$ 为投资占收入比例；d 为各类存款名义利率的加权平均数；P^* 为预期通货膨胀率；$d-P^*$ 为货币的实际益率。

货币需求对所有变量的偏导数都为正值，即与所有变量都呈现正相关的关系。其中，与投资占收入比例的正相关关系，说明了货币与实物资本之间的互补特性；与 $d-P^*$ 的正相关关系则说明了放松利率管制的重要性。在金融抑制政策下，d 被压得很低，P^* 则居高不下，使得 $d-P^*$ 通常为负值，因此货币的实际需求也很低，没有了货币积累，实际投资也很低。可见，在发展中国家，投资与 $d-P^*$ 有时也是一种正相关关系，用函数式可表示如下：

$$\frac{I}{Y}=F\left(r,d-P^{*}\right)$$

式中，r 为实物资本的平均回报率。也就是说，投资占收入比例是由其平均回报率和货币的实际收益率共同决定的，对前者的偏导数是正值，对后者的偏导数在某种情况下为正值，在另外一些情况下则为负值。麦金农进一步地解释道，在投资依赖内源融资的情况下，r 的提升会提高$\frac{I}{Y}$，从而增强人们积累货币的意愿，货币成为投资实现的一个导管（tube）而非实物资本的替代，资本积累通过这个导管变得容易发生，麦金农称此为导管效应（tube effect）。只要投资的平均回报率超过货币的实际收益率，导管效应就始终存在，此时，投资占收入比例对货币的实际收益率的偏导数就为正值。当然，一旦货币的实际收益率上升至超过投资的平均回报率，导管效应就不复存在，货币与实物资产之间的替代效应将出现，此时，投资占收入比例对货币的实际收益率的偏导数则为负值。导管效应与替代效应的关系见图 2-1。

① 陶春生．金融发展、金融结构与经济增长［M］．北京：经济科学出版社，2015.

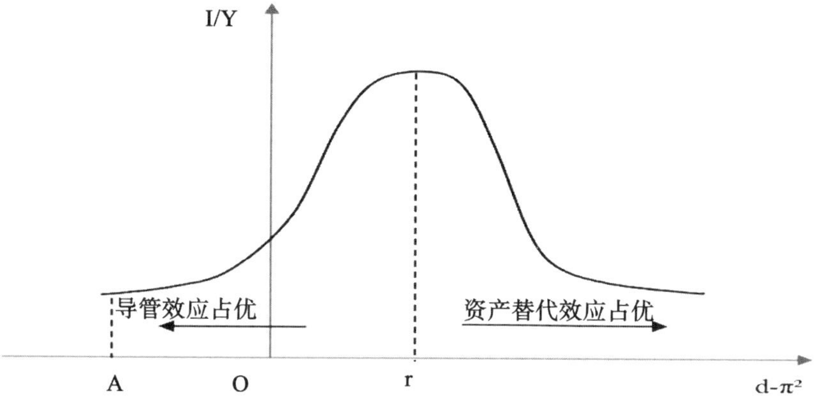

图 2-1　导管效应与替代效应关系

第二节　内生经济增长理论框架下的金融发展理论

发展经济学框架下的早期金融发展理论考察了金融结构、金融深化、金融抑制与金融自由化对储蓄、投资等宏观变量的影响，其核心是将金融部门看作经济增长外部条件，单从资本积累的角度考察金融发展与经济增长之间的关联关系。20 世纪 90 年代初期，随着内生经济增长理论的提出，金融发展理论研究者们开始将金融部门纳入内生增长模型中，考察金融部门对经济增长所起到的作用。而以资本资产定价模型、MM 定理和期权定价模型为基础的现代微观金融学也在这一时期发展并逐渐成熟，使人们逐渐认识到金融的含义已经远远超越了货币加信用的资金融通范畴，现代金融的核心应当是风险管理、资源配置和价格发现。默顿和博迪（1995）首次从功能的角度审视金融在经济增长中所起到的作用，从而突破了传统金融研究都是围绕货币、信用与金融机构开展的固有框架，完整地提出了金融功能理论。借助内生增长模型和金融功能观的思想，金融发展理论研究致力于从经济内生性要求说明金融体系发展的根源，进而从功能与结构两方面来指出金融发展的内涵与表现，通过引入信息不对称、交易成本、市场摩擦等与现实经济十分接近的假设，考察了金融发展对储蓄、投资、创新与长期经济增长的作用和金融体系的演化等，因此这一轮金融发展理论通常被描述为“内生金融发展理论”。

一、金融功能与金融发展

内生金融发展理论认为决定金融市场与金融体系存在的核心基础是市场摩擦。斯蒂格利茨和韦斯（1983）提出由于信息不对称引发的一系列“代理问题”使市场经济主体在订立合约时产生了信息服务需求。然而，获取信息、监督合约与促进交易都是需要成本的，而金融机构与金融市场则能利用规模效应降低信息筛选、合约监督成本，并通过多样化方式分散风险与降低违约概率来缓解信息不对称，因此对经济发展内生的降低交易成本需求激励了金融市场与金融机构的出现与发展。为缓解市场摩擦而内生于经济中发展起来的金融体系其本质作用在于影响资源的跨期配置，进而通过促进资本积累与提高生产率这两个方面来推动经济增长。莱文（2005）则将金融体系促进经济资本积累与生产率提升的作用细化为五项功能：生产与投资、资本配置有关的信息；在融资后监督并指导融资人的金融活动；促进风险的交易、分散与管理；动员储蓄；方便商品与服务交易。他指出五项功能中的每一项都能影响储蓄、投资与经济增长，只有金融体系充分发挥了这五项功能且缓和了市场摩擦，“金融发展”才出现了。

二、金融结构与金融发展

与发展经济学框架下的金融发展理论相比，内生金融发展理论也注重从金融结构的角度考察金融发展。但是与戈德史密斯用金融工具、金融市场和金融中介的混合来定义“金融结构”不同，内生金融发展理论认为经济发展内生的交易成本是多种多样的，多元化的交易成本与不同经济体的法律体系、政策规制与税收系统等经济制度相结合就会产生不同的金融契约、金融市场和金融中介，由此就形成了不同的金融结构。大体而言，从各国的经济与金融发展的历史与现实来看，这种金融结构通常是指市场主导的直接融资和银行主导的间接融资之间的比例。由于发达国家金融体系多以市场为主导，而发展中国家的金融体系多以银行体系为主导,什么样的金融结构有助于发挥金融体系的上述功能而实现金融发展,自然地成为内生金融发展理论的核心之一。

支持银行为主的金融中介体系优于金融市场的理论分析指出,市场在获取企业信息与监督管理者方面存在严重缺陷,而这又会影响资源的配置与经济绩效。银行在研究企业信息、监督管理者与为产业扩张提出资金支持时,能克服市场缺陷,此时金融功能会发挥得更为充分。而声称金融市场为主的直接融资更有优势的理论则认为,市场能提供一系列丰富的风险管理工具使定制特殊的风险管理工具成为可能。相对银行体系只能针对标准化环境提供基础性的风险管理服务,市场为主的体系则能通过专业化服务来更好地满足具有极大弹性的风险管理需求。因此,随着经济不断发展与资产的逐渐累积,针对风险管理工具多样化的需求也与日俱增,一个在良好的法律与制度环境中积极发挥功能的金融市场体系是现代经济不可或缺的重要组成部分。尽管从理论上来分析,银行为主的金融体系与市场为主的金融体系在发挥金融功能方面存在这样或那样的差异,但是从国家层面、产业层面与企业层面的经验分析结果来看,这两种金融结构并没有表现出谁比谁更有效。这表明金融服务功能是金融体系的核心内容,结构不过是金融体系发挥功能的表现与载体,金融体系的功能由谁来发挥并不重要,重要的是有没有发挥功能。

一个国家的金融体系是以银行为主还是以市场为主,是由经济发展而内生的金融服务需求与该国的法律、文化、习惯等社会制度因素相结合而决定的,由于经济发展中内生的金融功能相对金融结构而言更为稳定,因此金融结构是以功能为基础不断发展变化的。在金融结构的演变发展中,以市场为主与以银行为主的两种子体系之间既存在竞争关系,也存在互补关系,而且随着资产证券化趋势不断深化,两种子体系逐渐表现出协调演化发展的特征。不论是发达国家还是发展中国家,随着经济不断发展,银行与市场的规模都会扩大,但是相对而言,银行体系扩大的程度远不如市场扩大的程度,因此如果非要从结构的角度考察金融发展,那么金融体系的市场化程度多少能描述金融发展。

三、金融发展与经济增长

由经济内生发展的金融体系自身不会对经济增长产生正的效果，内生金融发展理论通过将金融部门纳入内生经济增长模型中，从理论上概括出金融体系能够通过五种基本功能实现对经济增长的促进作用，但是如果没有经验分析的支持，这种理论发展能在多大程度上表现出相对之前的金融发展理论体系有更大意义是令人怀疑的。20世纪80年代后期以来的计量经济学，尤其是微观计量经济学的发展，时间序列分析技术、面板技术与变量内生性处理技术的广泛应用，为内生金融发展研究者提供了有力的经验分析工具。在日益完善的数据库支持下，内生金融发展学家们就金融发展与经济增长开展了大量的实证研究，由于实证分析在内生金融发展研究中所占比重如此之高，以至于有些文献中将内生金融发展理论称为实证金融发展学。

戈德史密斯最早提供了金融发展与经济增长之间具有相关性的经验证据，但是他的研究因为没有控制其他与经济增长相关的因素而不能明确金融发展与经济增长之间是否具有直接的因果关系。通过使用跨国数据进行的标准普通最小二乘估计方法，金和莱文（1993）控制了其他与经济增长相关的国家特征，证明了银行体系与金融市场体系的发展都对经济增长具有稳健的指示器作用。而通过使用工具变量方法与动态面板估计技术来检验模型误设定与变量遗漏监测，贝克等（2000）在放宽普通最小二乘法基本假设的基础上，进一步为金融发展与经济增长之间存在正相关性提供了更具有一般意义的经验证据。从经济现实中可以观察到金融发展与经济增长之间的关系并不是单向的，因为由金融发展激励的经济增长会提升对金融服务的更多需求，其结果是金融发展与经济增长之间必然存在双向因果关系，通过针对某一国家时间序列数据的格兰杰因果检验为理论上金融发展与经济增长之间存在的这种因果关系提供了经验证据。作为工具变量与格兰杰因果检验的补充，倍差模型（Difference in difference models）是一种更为先进的计量分析工具。拉詹和津加莱斯（1998）首先使用这个方法从产业比较角度实证分析金融发展对经济增长的促进作用，此后在研究金融发展与经济增长关系的实证文献中，广泛应用该方法从比较计量分析的角度考察金融发展对不同经济部门增长的影响、金融发展政策变化对金融体系的影响进而对经济增长的影响。

面对2008年因发达国家金融产业过度膨胀而爆发的金融危机席卷全球，内生金融发展理论开始从异质性角度研究金融发展与经济增长的关系。伊尔马兹库迪（2011）通过跨国分析指出实现金融发展的经济增长效应存在一系列的门槛条件。对所有国家而言，通胀水平过高都会减弱金融发展的经济增长效应；而政府规模与贸易开发度的门槛效应则存在国别的异质性：低收入国家过小或高收入国家的政府规模过大、低收入国家的贸易开放度没有足够高，都会造成金融发展的经济增长效应减弱。阿坎德等（2012）检验了是否存在金融发展对经济增长不再具有积极影响的门槛效应。通过应用多种实证方法证明了确实存在金融发展过度现象，金融发展对经济增长的积极效应只在中等收入国家是最强的，富裕国家金融发展的经济增长效应随着经济发展反而具有递减的边际作用。当私人部门贷款总额达到GDP的100%时，金融部门就开始对经济增长具有副作用，而在本轮金融危机中发达国家的私人信贷总额甚至超过了GDP的150%，过度发展的金融发展最终导致金融危机而使经济陷入了衰退。

四、金融发展与技术进步

内生金融发展理论认为，金融发展促进经济增长作用机制除了促进资本积累之外，更重要的是能提高资本配置效率、促进知识积累与提升生产率，因此技术进步是金融发展推动经济增长的一个重要渠道。由于内生金融发展理论主要从功能与结构角度考察金融发展，因此有关金融发展对技术进步的研究也沿着这两个子体系开展。

金融体系核心功能是以提供“信息产品”的方式缓解信息不对称引起的摩擦，在搜寻企业信息、监督企业行为过程中金融部门能获得企业技术创新最为丰富的信息，因而可以通过筛选机制、降低融资成本的机制与分散风险的机制来促进技术进步。首先，金融体系在将社会盈余资金向企业融通时，出于安全性考虑必须对资金未来收益可能进行判断，而这个判断的依据通常是企业当前和未来所拥有生产技术的先进性。因此，金融体系可以通过识别出最有可能成功实施产品与生产过程创新的企业家的方式来促进创新。其次，艾金（2005）则从企业面临宏观经济波动冲击，生产过程必须通过创新才能获取长期增长利益时，如何获取金融服务的能力角度考察金融体系对技术创新的促进。他们认为企业投资一般分布在短期项目、长期项目与研发项目上，将投资从别的项目向研发项目转移是有调整成本的。金融体系越发达，为企业投资项目调整提供的金融服务就越及时充分，企业的研发投资成本就会降低，因而金融发展对及时创新具有很高的积极影响水平。最后，创新是具有极大风险的，金融体系发展能提供多样化的风险管理工具与组合来实现风险的分散、转移与交易，极大地鼓励了创新行为发展，从而实现技术进步与经济增长。

如前所述，内生金融发展理论强调金融功能的载体是金融结构，金融体系中银行为主的债权融资与市场为主的股权融资在促进技术进步时的功能与作用是有较大差异的。首先，从降低融资成本的角度，股权融资体系对外部融资依赖严重的产业创新所起到的促进作用要大于债权融资体系。这是因为股权投资者获取的是企业长期发展的增值收益，且在提供资金时并不要求抵押，而当企业不得不扩股融资时，也不会导致实际财务状况陷入困境，从而当企业需要外部融资进行技术创新时能提供足够自由的资金支持。其次，股权市场便于证券价格产生反馈效应。卢博斯和韦罗勒斯（2009）指出，由于有关创新前景的信息十分稀缺且难以处理，通常会带来一个广泛的选择范围而使创新项目很难评估。由于股权市场能提供适时的均衡证券价格，因而股权市场的发展允许企业创新投资机会的价值信息影响企业管理者的实际投资决策。高度依赖外部融资的产业往往拥有很多信息不充分的创新投资机会，发达的股权市场能更好地鼓励创新项目而使资源得到更有效配置。最后，在分散风险的机制上，金融市场要优于银行体系。霍尔和勒纳（2010）指出技术创新带来的风险不能简单地用某些分布特征进行描述,对于具有极高研发创新密度的高技术产业而言,股权市场提供了种类繁多的风险分散工具,而且相对银行分散风险的金融工具只能提供固定收益而言,这些工具在帮助投资者转移风险的同时,还能提供与风险相匹配的高额预期收益。

总体来看,现代金融发展理论从功能与结构角度分析了金融部门对技术进步的促进机制,其基本观点都是一致的,分歧也只是存在于什么样的金融功能、什么样的金融发展模式才能更好发挥作用。而且国外学者开展研究时都喜欢进行跨国比较,随着利用面板数据建立模式计量经济学发展,这种跨国经验比较为获取研究结论提供了严谨的技术保证。但国外学者的研究也存在一些不足:现有的研究要么是建立在发达国家的金融部门发展为标准基础之上的比较研究,往往侧重进行跨国的宏观经验实证,这显然忽视了国与国之间经济发展、法律制度、要素禀赋和历史条件的差异,对发展中国家的实际借鉴意义有限;要么就是建立在深入考察微观企业的市场行为、交易资料和合同契约等信息的基础上,单独考察西方发达国家的企业行为。对于发展中国家来说,此类信息的有效获取是十分困难的,要想参考这种研究方法几乎是不太现实的。因此,针对国外学者的论点,运用金融发展理论指导一国的金融体系建设,必须充分考虑本国的经济发展实际,尤其是金融部门发展的实际,采用合理的经验研究方法验证理论是主要的工作。

第三节　熊彼特主义的创新与产业动态理论

现代创新理论的提出者约瑟夫·熊彼特,他的理论奠定了他在经济思想发展史研究领域的独特地位,也成为他经济思想发展史研究的主要成就。熊彼特以“创新理论”解释资本主义的本质特征,解释资本主义发生、发展和趋于灭亡的结局,从而闻名于经济学界,影响颇大。

一、传统熊彼特主义的创新与产业发展理论

（一）熊彼特创新理论核心内容

熊彼特以分析社会生产的循环现象作为自己理论的出发点，认为生产是经济的基本活动，这是一个将多种要素进行组合（combination）而获得产品与服务的过程，而组合要素的方式就是技术水平。在瓦尔拉斯一般均衡理论中，将社会生产的技术水平看作给定不变的外生变量，生产要素在价格机制的作用下进行优化配置，从而实现经济的静态均衡。但在竞争与利益的驱动下，当前经济发展阶段的生产方式总有内生性发生变化的潜在冲动，当这种冲动积累到足够的水平时，创新就发生了。熊彼特将创新定义为“建立一种新的生产函数”，执行生产要素的“新组合”，主要体现为以下五个方面：引入一种消费者从未接触过的或具有全新质量水平的新产品；在生产过程中引入一种新的生产方式，这种方式还没在实际生产部门实践过且无须以科学验证为基础，还可以是一种新的商业处理模式；开辟一个新的市场，也就是有关国家的某一制造部门以前不曾进入的市场，不管这个市场以前是否存在过；控制新的原料与半成品供应新渠道，不论这个渠道之前是否存在；建立新的产业组织形式，比如打破一种垄断地位或建立新的垄断地位。熊彼特十分强调创新与发明之间的区别，他指出发明是指原创地发展出新颖但仅是潜在的产品与生产方式的行为；而创新则是将新的产品与生产方式引入到实际生产过程，并试图获取经济利益的行为。因此发明是一种未从经济角度进行开发过的技术进步，是一个纯技术概念；而创新则是将技术进步商业化的过程，是一个经济概念。

熊彼特指出新要素组合现象在经济生活中普遍存在，主要有两种形式：一种是连续地小幅改进旧组合，这种变化不会导致新现象的出现而只能称之为经济增长；另一种是间断地大幅出现全新的组合，这种变化导致了具有新发展特点的现象出现，因而称之为经济发展。在市场竞争的条件下，新要素的组合通过竞争将旧的要素组合方式予以消灭，新要素组合首先通过使用闲置生

产要素来实现，随着旧要素的组合方式不断被消灭，资源就不断向新要素组合方式流动。在不断的质变性的创新驱动下，资源得到新的、更有效的配置。因此，创新与创造性毁灭作为资本主义资源配置的一种机制，与价格机制一道促进经济从一种技术水平下的均衡向另一种技术水平上的均衡不断迈进，实现资本主义经济内生地向前发展。熊彼特认为企业家的职能就是专门实现新要素的组合，因而企业家是创新的主体。企业家不同于资本家，资本家是财富的拥有者，而企业家则是财富的创造者；企业家不同于经理人，两者虽然都从事要素组合工作，但企业家的职能是实现新要素组合，而经理人的职能则是维持既有的要素组合；企业家也不是发明家，发明家只是发现了新的要素组合，而企业家则是将新的要素组合引入生产过程，将新要素组合所蕴含的潜在经济利益转化为现实。作为企业家，必须具有三种超出常人的品质：要具有战略眼光，能发现创新所带来的潜在商业利益；要有敢于突破的精神，能打破常规进行创新；要有坚强的领导能力，能合理组织要素的新组合而获取利润。

（二）竞争、创新与结构——熊彼特范式的创新与产业发展

以创新理论为工具，熊彼特从竞争入手考察创新与产业发展之间的关系。不同的企业具有不同的特殊能力，相应地从动态来看就具有不同的学习能力，这种企业的异质性体现在各个层面。在同一产业内部，有时甚至是在不同产业的企业之间开展产品或生产差异化，借以获取成本或价格优势的竞争过程，是熊彼特描绘的资本主义经济竞争之主要特点。这些企业之间竞争的基础是它们所提供的商品与劳务，竞争的结果是有的企业成长，有的企业衰亡，有的企业退出而充满信心的新企业进入。竞争过程中的主要行为是在位者与新进者的创新以及紧随创新的模仿与适应性调整。通过引入独特的创新能有效地预防竞争者的模仿并能迅速扩大市场份额，其结果是造成产业集中度的提升。熊彼特用“创造性毁灭”一词来描述创新的本质与创新引起的产业内新进者与在位者之间的地位变动而造成的产业结构变动，并指出获取超越竞争对手的比较利益而不是简单的经济利益是企业创新

的主要驱动力。

从竞争结构出发，熊彼特分别在《经济发展理论》与《资本主义、社会主义与民主》提出了两种创新与产业结构的创新范式，被后来的学者总结为熊彼特创新模式Ⅰ（Schumpeter Mark Ⅰ）和熊彼特创新模式Ⅱ（Schumpeter Mark Ⅱ）。以熊彼特创新模式Ⅰ进行创新的产业多具有如下的结构特点：产业所处的市场环境波动而混乱，产业进入门槛很低，基本处于完全竞争的状态。在这样的产业中，创新多数是新进入市场的创业企业完成的，企业间创新竞争方式采取的是“创造性毁灭”，即新进企业逐渐取代了原来的在位企业。而以熊彼特创新模式Ⅱ进行创新的产业则具有另一种特点：产业所处的市场环境较为稳定，产业的进入门槛很高，创新多数是由在位的大型企业完成的。此时企业间创新竞争方式则采取的是“创造性积累”，即在位企业以遵循已经确立的技术轨迹来巩固自身技术优势的方式进行创新。

显然，这两个创新范式的区别在于创新的产业环境与创新主体。在1912年熊彼特出版的《经济发展理论》一书中开始提出创新理论时，主要是想修补古典经济学静态分析经济缺陷，因而其假设企业家创新所处的市场环境与古典经济学一样是完全竞争的状态。在完全竞争的市场环境中，企业普遍的规模不大，都难以负担技术研发的投资主体，因而技术进步是外生的，中小企业家作为创新主体的主要职能不过是敏锐地察觉到先进技术带来的商机并勇于冒险地将先进技术商业化。到了1942年出版《资本主义、社会主义与民主》时，熊彼特首先修正了创新的市场环境，认为完全竞争不仅从现实角度来说是不存在的，而且从理论角度来说与经济发展是互相排斥的。他指出，完全竞争意味着可以自由出入某些新的产业领域，但是环境的极度自由对个体而言就意味着极度不自由，进出新产业领域成为不可能的事情。在完全竞争的环境中，由于技术效率很低，资源不仅不能优化配置，还有可能被浪费。同时，熊彼特注意到大企业已经成为产业发展的主导力量，尤其是大企业往往都设有专门的研发机构，愿意也能负担研发投资。而且大企业研发投资的成果商业化后往往会带来巨大的超额利润，会使市场集中程度逐渐提高。这些现象都表明技术进步不应当是外生的，在不完全竞争的市场环境中，大企业应当成为创新主体。熊彼特上述关于竞争、创新与产业关系的研究被后续学者总结为两个熊彼特假说：第一，市场不完全竞争条件下，企业规模越大创新就越有效率；第二，产业地集中度越高，企业的市场力量越大，则更有利于创新。此后从 20 世纪 60 年代起到 90 年代末，对熊彼特假说进行理论修正与实证检验成为产业经济学领域最热门的话题。

熊彼特的创新经济理论刚提出时，曾在西方经济学界产生过不小的震动，但直到他 1950 年去世时，他的理论都没有被西方主流经济学所接纳。究其原因，主要是两点：首先，熊彼特提出创新理论的初衷，是要对古典经济学的价格机制理论体系进行补充而不是取代。但两种理论在描述经济运行时，所给出的机制与蓝图却大相径庭。创新驱动经济理论给出的是经济动态不连续的波动，而价格理论体系给出的是经济静态连续的循环，因此要想基于创新的动态机制考察资源配置与经济发展，须有一个基于动态假设的价格理论体系与之配套，而熊彼特在这一方面却没有任何作为。其次，创新经济的理论与凯恩斯的宏观经济理论在同一时代相遇，对熊彼特来说颇有点生不逢时。面对“二战”之后世界经济百废待举的现实，凯恩斯理论恰好提供了一个能对现实问题进行精确诊断并有效开出药方的指南，而创新经济理论在这一方面同样也无所作为。

进一步从创新与产业发展的动态来看，熊彼特强调有关创新与产业发展的论述也存在两个方面的问题。首先，熊彼特强调创新是产业发展的驱动力，但是他将创新看作一个黑匣子，没有能描述创新所包含的机制与要素，也就没有说清楚创新驱动产业发展的条件与作业机制。其次，熊彼特关注于创新对产业发展的作用，而忽视技术发明尤其是突破性的技术发明对产业发展的推动作用。事实上学者们已经开始意识到熊彼特将发明与创新严格区分，是曲解了创新本质上具有不同程度的分布特征。即便是从熊彼特两个创新模式的范式来考察，突破性的发明与创新一样，也对产业发展具有积极影响。受到熊彼特最初理论缺陷的干扰与随后产业组织理论的 SCP 范式兴起，有关创新与产业发展的研究开始热衷于检验两个熊彼特假说。而博弈论的成熟与广泛应用,又使这股热潮逐渐转向企业研发投资战略与专利申请领域的竞争研究。直到20世纪70年代末期与80年代初期,才有一批文献沿着熊彼特的基本思想从理论与实证角度考察创新与产业演化和结构转换的关系,尽管他们的概念与理论模型可能与熊彼特基本思想不一定完全相符,但是他们继承了熊彼特思想的两点精髓:将创新置于产业发展的核心地位和使用动态分析的方法。为了将这些研究与之前的工作区分开来,通常以新熊彼特主义者来标识基于创新角度研究产业动态与演化发展的理论。

二、新熊彼特主义的创新与产业发展理论

20世纪70年代以后,研究产业动态发展成为产业经济领域的主要话题。多西(1988)指出创新对产业动态发展与演化具有密切联系,且这种联系是多维的:包括多方面的参与者、剧烈创新引起的长期不确定性、更多存量技术变迁造成的时间影响和跨产业的差异。与此同时,阿伯纳西和厄特巴克(1978)从产业发展的生命周期特征,马莱尔巴和奥尔塞尼戈(2002)在系统创新分析框架下考察产业演化与创新,莱因甘姆(1985)通过用博弈论模型刻画研发与专利竞赛来分析市场结构动态受到创新的影响,萨顿(1998)分析了与技术和需求同时相关的因素如何影响市场结构。这些开创性的研究从两个方面拓展了传统熊彼特有关创新与产业发展的研究:首先是将创新的概念由产品与过程创新扩展到包涵技术创新;其次是将产业的动态发展从微观描述产业内企业进入、退出、衰亡、成长扩展到了从中观考察产业演化发展。这些开创性的研究结论无一例外地表明了创新是产业动态发展的原动力,也围绕着这样一个主题,新熊彼特主义的创新与产业动态理论最新发展主要体现在以下几个方面。

(一)创新与产业动态发展的计量经济学分析

从20世纪80年代末到90年代初,先进计算技术与新兴企

业级数据的出现，为计量分析创新与产业动态关系提供了极大方便。在定量分析手段帮助下，识别、测量、理解创新与产业动态关系的基本结构、统计规律、构成因素等方面取得了极大的进展。比如产业内企业规模的分布状况基本上表现出右偏特征，但是存在跨部门的多样性；企业规模与成长率之间的关联关系受到企业年限的调节；与企业异质性密切相关的独有获利能力评价。在这些经验研究中，除了考虑创新的独特作用之外，一些影响创新的独特因素也被明确并受到极高的关注。

首先，受到关注的是产业内部存在的高度异质性对创新的影响，异质性被看作除了竞争与选择过程之外，对创新最具有渗透性作用的因素。在大多数产业中，创新由少数企业完成，这就导致了核心创新者与边缘创新者的差异。这种跨企业的创新异质性意味着企业间存在特殊的能力（比如吸收能力、技术能力），因而即使要求企业做相同的工作时，这种特殊能力也会指导它们采取不同的方式。长期看，异质性会固化于企业的创新行为，从而成为影响企业创新范式的关键因素之一。从另一个角度来说，这种异质性还与企业的产业进入行为相关联。有证据表明，作为新技术的引入者，产业新进者的类别与创新类型和技术变化的速度密切相关联。创新的异质性会转化为利润水平的差异，但是没有直接的企业级时间序列数据为创新与企业成长之间提供线性关系证明。以国际生物医药产业为例，此类产业的动态发展驱动因素主要是少数关键性创新的引入或是模仿，在这样的产业中核心创新者的成长速度并不比其他公司更突出。

其次，受到关注的是大学、风险资本、非企业组织与制度等外部因素在产业技术变动中所起到的重要作用。与传统熊彼特仅将企业家看成创新主体的观点不同，当前有足够的经验证据说明，技术创新是包含企业在内的多部门共同作用的结果，马莱尔巴和布鲁索尼（2006）进一步指出对同期产业而言，包含在技术创新过程中的部门也有所不同。比如在以生物科技或电子信息为代表的高科技产业中，大学在产生与传播技术进步中的作用十分突出。这是由于大学发展出的新知识可以作为创新的主要投入，大学还为企业研发实验室训练与供应人力资源，有时候大学自己会申请科学技术专利并组建新的公司直接参与产业发展。而在医药产业、半导体产业领域，风险资本对创新的影响与支持早已广为人知。格鲁伯和韦伯旺（2001）则指出对电信产业而言，国家层面、产业层面的制度对产业创新与技术扩散的重要意义也是不能忽视的。此外，还有大量文献表明，标准与规则作为催生持续创新与保证新技术应用能在市场上获取关键销量的制度性基础设施，对创新的影响也十分重要。

（二）创新与产业动态发展的模型刻画

熊彼特指出了创新对产业动态发展的影响，但并没有说明这种影响的作用机制。在20世纪80年代，学者们提出了若干理论模型来刻画这种作用机制。其中影响最为深远的是学习模型与马尔科夫最优均衡模型。

认为理想行为人（包括在位者与新进者）之间的技术学习与竞争过程能消除企业间的异质性，是一系列试图解释企业规模分布不对称、以生存年限为条件的成长率差异等经验规律的模型之共同特点。这方面开创性研究是由约万诺维奇（1982）完成的。他假设行为人之间的学习是消极过程，新企业并不知道他们自己的潜在获利能力。此时，由于激进发明能使产出有效规模扩张与进入新领域的可能大大提高，主要技术的不连续会在产业动态产生一个关键性抖动，其结果是通过导致不成功的创新者退出与拥有大规模技术的企业幸存，将新技术引入产业发展过程中来。与上述学习模型的消极学习假设不同，艾克里森和佩克斯（1995）提出了积极学习假设的模型。基于如下的三个假设他们给出了一个企业进入与成长的随机模型：第一，假设企业以投资来探索经济环境，技术机会对所有企业都一样开放，是企业投资的随机产出且决定企业投资的成败，企业状态的变化受到投资产出、其他企业的努力与市场条件变化的综合影响；第二，假设企业完全掌握了对过去与当期投资与状态、决定状态演化的规律等信息；第三，假设企业遵循马尔科夫战略。通过这些假设，他们的模型论证了存在一个动态寡头模型的马尔科夫最优均衡。

此后，利用拥有离散空间状态特征的动态随机博弈模型与马尔科夫最优均衡概念，来研究由异质性企业构成的产业波动成为刻画创新与产业动态研究的标准模型。这个模型的最大好处在于将企业初始状态面临的需求差异、成本函数差异与投资差异包括在模型中。而且该模型还将产业组织理论与计量经济分析紧密结合在一起，允许通过反事实计量方法考察改变初始行为与状态假设之后的变动与影响。一般此类模型考虑的是寡占型产业，产业内只有在位者与潜在进入者两类企业，他们之间开展竞争，时间是离散的而范围是无限的。每一时期在位企业都要决定是否留在这个产业内和投资多少，而潜在进入者要决定是否进入这个产业和为此须投资多少。市场是由在生产能力、成本结构与产品质量方面都存在异质性的企业组成，它们通过投资来改变状态。通过马尔科夫最优化模型来刻画产业动态，可以检验创新与产业动态在多方面的特殊关系，主要包括干中学、研发竞赛、研发合作与引入激进型技术。

首先，将干中学[①]纳入马尔科夫最优均衡模型考察企业间的竞争关系。模型中的干中学被看作提供知识存量的手段，干中学的出现有助于企业提高产量，但时间长了以后经验的影响就会日渐突出。当组织遗忘引入分析时，更具进取性的企业行为就会发生。当干中学与组织遗忘同时出现在模型中时，均衡状态在学习地流入与流出相等时出现，此时企业的信念与企业选择降低价格或是不降都具有固定的形式。

其次，在马尔科夫最优均衡中重新考察研发竞赛，尤其是考察不同专利体制下的研发竞赛与最优专利竞赛规则。此类模型的出发点是在不连续时间上发生动态多阶段创新博弈。费希特曼和马科维奇（2006）认为研发是一个在实现成功创新前的多步过程，在这些过程中企业的能力具有较明显的异质性。通过构建一个两类公司不对称能力多步研发竞赛模型，他们考察了不同类型的专利体制与授权安排对创新速度、企业价值和消费者剩余的影响。贾德等（2012）在一个多阶段创新模型中考察了最优专利

① “干中学”：人们是通过学习而获得知识的，技术进步是知识的产物，是学习的结果，而学习又是经验的不断总结，经验来自行动，经验的积累就体现于技术进步之上。

竞赛的设计。他们提出设计者的目标有两个：社会剩余与消费者剩余，并考察了技术、设计者的偏好与企业异质性对最优专利竞赛规则的影响。

再次，将合作研发行为引入马尔科夫最优均衡中。以美国的半导体产业为研究样本，宋(2011)构建了一个包含联合研发行为的动态模型，模型中的企业在产品市场上竞争而在提高技术水平的研发上联合投资，这些企业会共享研发成果，但是各自基于研发成果发展新的产品。他的研究结果表明联合研发比单独研发的平均成本要低，企业的净利润与消费者剩余则要高一些。

最后，就是将破坏性技术进步纳入马尔科夫最优均衡模型中。斯基瓦尔迪和施耐德(2008)提出一个适应性学习模型，其目的在于检验一个从未被验证的技术如何成功(进入生产过程)并改变市场结构。区别于专利竞赛的研究文献，该模型考虑学习与增量创新且关注于新进者已经出现的竞争环境，在这个环境中某项新技术的潜力并不为人所知。他们指出，基于(市场份额下降的)风险考虑，在位者当前的市场份额越大则越有可能采用新技术，而新技术低于预期的绩效往往会导致市场结构的变化。

(三)创新、产业生命周期与产业演化发展

与上述研究都是从企业间竞争与博弈角度出发研究创新与产业发展动态不同，克莱伯(1996)开创了以产业为研究对象考察创新与产业演化发展的新范式。产业生命周期理论认为，新产业一般肇始于某项激进的产品创新，在产业初生时期，新企业凭借成功地引入新产品生存发展。一旦这些企业达到某个规模，他们将致力于过程研发来降低成本，在这个过程中降低成本效率低下的企业将被淘汰出产业领域。随着产业逐渐发展成熟，产业内产品的多样性将逐渐降低且市场集中度将逐渐提升。克莱伯和西蒙斯(2005)、贝耶克等人(2008)围绕产品创新与过程创新，通过考察新进者类型与进入市场速率、企业规模与成长、市场集中程度、市场环境与波动等发展出一系列模型，通过将理论分析与计量方法结合，基于产业发展的现实提出了多种不同产业生命周期的解释。

与产业周期思路不一样，尼尔森和温特尔（1982）从演化角度来考察创新与产业动态发展的关系。在他们提出的经典产业演化NW模型中，基于有限理性假设，该模型认为厂商都是在不确定与变化的环境中学习与探索，学习过程中充满着不断试验、各种不完美的学习路线与错误。这些厂商都有一些与生俱来的特殊能力，从它们诞生之日起这些特殊能力若隐若现地指引它们从事各种市场活动，从而使得这些厂商的行为范式总表现出某种不变的惯例特性。这些异质性的厂商之间存在着明显竞争，厂商通过学习、知识积累等方式进行技术创新、产品创新与组织创新，以此来提高自身的竞争优势。由于厂商与生俱来的特质与行为惯例始终贯穿于厂商的学习、竞争、创新与组织活动中，因而过程的异质性造成了产品、技术与企业等结果的异质性，但市场选择会消减这种异质性。因此产业动态演化发展就是个体学习创新与集体选择均衡及这个均衡变化发展的结果。

同样基于经济演化理论，马莱尔巴等人（1999）提出了一个"历史友好"模型分析创新与产业动态演化。这一类模型集中研究许多产业的特质性及其历史，目的是探索基于这个模型是否能产生特定机制与动力，用于说明产业结构与产业绩效所表现出的某些范式与行为特征。历史友好模型的核心假设来自经济演化理论，包括将经济主体看作目的明确且拥有智慧，但其理性受到限制且行为模型有明显的路径依赖特点。同时，该模型还假定厂商具有通过创新来改变现状的能力，尤其当他们发现现行模式的结果令人很不满意或他们探索到能显著改善现状的行为模式时，这种通过创新来实行变革的冲动更加强烈。这种创新行为的能力在任何时候都是企业历史学习的结果，其中干中学、研发投入起着关键性作用。模型的一般结论是企业间竞争意味着有一些企业优于另外一些企业，产业动态演化是市场选择的结果。

纵观新熊彼特主义创新与产业动态发展的研究，都将创新能力的异质性放在产业演化发展的核心地位，研究两类（在位者与新进者）企业异质性学习能力条件下的竞争行为与利润、成长机会、生产可能等市场奖惩机制带来的选择过程。其中，新熊彼特主义学者普遍认为学习能力与市场选择相比,对产业演化发展的促进作用更为明显。而不同企业的学习能力差异导致了技术能力水平的差异,因而导致创新速度的差异。在不断缩小差异的追赶与保持新差距的努力博弈中,产业结构不断从分散到集中,产业的成熟度也在不断提高,从而实现产业不断经历萌芽、成长、成熟、衰退的周期循环。

第三章

第三章　战略性新兴产业金融需求分析

国家统计局2018年11月26日发布《战略性新兴产业分类（2018）》。该分类规定的战略性新兴产业是对经济社会全局和长远发展具有重大引领带动作用，知识技术密集、物质资源消耗少、成长潜力大、综合效益好的产业，包括9大领域（见表3-1）。

表3-1　战略性新兴产业9大类最新细分领域

高端装备制造	以干支线飞机和通用飞机为主的航空设备；空间基础设施建设及卫星应用产业；轨道交通装备；海洋工程装备；以数字化、柔性化及系统集成技术为核心的智能制造装备
新材料	稀土功能材料、高性能膜材料、特种玻璃、功能陶瓷、半导体照明材料等新型功能材料；高品质特殊钢、新型合金材料、工程塑料等先进结构材料；碳纤维、芳纶、超高分子量聚乙烯纤维等高性能纤维及其复合材料；纳米、超导、智能等共性基础材料
节能环保	高效节能技术、装备和产品；环保技术、装备和产品；资源利用、资源回收；新兴商业模式
新能源	新一代核能技术和先进反应堆；多元化太阳能光伏光热发电市场；风电规模化发展；智能电网及运行体系；生物质能
新能源汽车	动力电池、驱动电机和电子控制领域关键核心技术；插电式混合动力汽车；纯电动汽车；燃料电池汽车；高能效、低排放节能汽车

第一节 战略性新兴产业特征

依据有关战略性新兴产业内涵的分析与九大战略性新兴产业内容,结合新熊彼特主义创新与产业演化发展理论,战略性新兴产业具有以下几个特征。

一、全局长远性

全局长远性反映的是战略性新兴产业的时空特征。战略性新兴产业是在世界范围新近兴起的,对经济社会长远发展具有重大引领带动作用的产业。战略性新兴产业的兴起与发展往往意味着社会资源开始从旧的生产领域和组织方式向新的生产领域与组织方式转移,意味着传统的技术水平、产业体系开始面临产业链重构的冲击。这个过程是漫长的,受其冲击与影响的是全部经济部门而不是局部。在战略性新兴产业持续发展过程中,通过强劲的发展势头而显现出对经济发展的促进作用,通过对传统产业的竞争与渗透而体现其强大的关联与辐射作用,通过不断创新与新兴技术产业化引领国家科技发展的前沿方向,通过不断提高资源的效率来实现经济结构转变,通过新型经济发展模式的塑造来实现国家竞争力提升,通过不断丰富由越来越雄厚技术支持的新经济增长点来实现类似于中国这样的后发国家实现跨越式发展。它不是一般的产业,应该有利于我们国家进行经济结构调整,有利于促进我们国家发展方式转变。发展方式转变就是需求结构的转变,更多依赖科技进步对战略性新兴产业的拉动。

二、创新驱动性

创新驱动性反映的是战略性新兴产业的源泉特征。战略性新兴产业的发展源头是新兴技术的产业化,其发展基础是重大科技突破,是由创新引领和驱动的产业。从世界范围来看,战略性新兴产业发展还处于产业生命周期的初创期或成长期,其创新性体现为生产技术的不断创新、产品的不断创新、生产过程的不断创新与组织的不断创新。因而战略性新兴产业发展既代表了科技创新为主的产业技术进步方向，也代表了产业结构升级为主的经济发展方向。战略性新兴产业对经济发展所具有的全局长远性，要求驱动战略性新兴产业发展的技术创新不能依赖外资和技术引进，只能通过自主研发实现自主创新。这就要求战略性新兴产业发展的研发投入一定要充足，创新所需要的资源必须得到保障。从这个意义来说，战略性新兴产业属于高技术产业的范畴。

三、动态演化性

战略性新兴产业作为专属名称，首先是一个相对概念。选择什么产业作为战略性新兴产业，是由经济社会的发展阶段、科学技术水平、社会制度等客观因素决定的。随着经济社会不断发展，不同的经济发展阶段要求发展不同的战略性新兴产业。比如美国在 20 世纪初期发展的战略性新兴产业是钢铁、汽车、石油等，而在 21 世纪初则以电子信息、生物医药、新材料等作为战略性新兴产业发展。因此“战略性新兴产业”这个标签是固定的，而标签里的产业内容是在动态变化的。其次，战略性新兴产业是不断发展演化的。战略性新兴产业当前还处于产业生命周期的初创期、成长期，但是这些产业将不断地发展成熟，逐渐地撕去“战略性新兴产业”的标签。直到有一天，这些产业最终会成熟起来转而贴上“主导产业”或“支柱产业”的新标签。

四、成长风险性

战略性新兴产业的动态演化成长过程是一个充满不确定性的过程。首先是创新带来的不确定性。战略性新兴产业发展驱动力是创新，包括技术创新、产品创新、过程创新与组织创新等。从技术创新的角度来说，新技术的诞生本身就是一个充满失败的选择过程，而这个经历重重选择最终形成的新技术能否成功实现产业化生产，又是一个未知的挑战。即便成功的实施技术创新且完成产业化，但由此而来的质量突变或性质突变的全新产品能否为市场所接受，形成支撑产业发展的有效需求，也是战略性新兴产业不得不去面对的“惊心一跃”。其次是竞争带来的不确定性。战略性新兴产业发展是通过与传统产业竞争来获取必要的资源，在竞争中，传统产业凭借“在位者”优势会对战略性新兴产业这一“新进者”施加种种束缚来限制其发展空间。如果不能确保更高效的过程创新和组织创新来确保技术创新与产品创新尽快成功实现商业化，那么战略性新兴产业发展进程会因为传统产业竞争压力而被拖延，甚至泯灭在萌芽状态。最后，战略性新兴产业选育过程本身就是一个充满不确定性的过程。战略性新兴产业本质是由市场自我发展与选择的新兴产业，是政府出于战略性发展目标考虑选择某一些新兴产业作为未来的主导产业进行培育。选哪些新兴产业、如何培育这些新兴产业才能使之成功地发展成为未来的主导产业，实现既定的战略性目标，对发达国家而言都是不容易的事情，更何况在我国这样一个产业体系与产业发展经验落后于发达国家的发展中国家。

五、主体异质性

战略性新兴产业处于产业生命周期的初创期与成长期，这一阶段的产业特征是进入门槛低，市场基本处于完全竞争状态，多数企业都是新进者。这些新进者的来源主要有两种：创业企业出现与传统企业的边界扩张。进入新兴产业领域的创业企业毫无疑问都是中小企业，而进入新兴产业领域的传统企业则表现出明显的主体异质性。林学军（2012）指出，传统产业进入新兴产业领域的方式主要是在高新技术的催化作用下实施嫁接、裂变与融合三种方式。其中，通过嫁接实现进入新兴产业领域的主要是中小企业，而实施裂变与融合发展的则主要是成熟大型企业。进一步来看，在我国这样一个社会主义市场经济体制国家发展战略性新兴产业，产业主体还存在第三种异质性：基于国有与民营区分的产权异质性。由此可见，战略性新兴产业主要靠中小型企业发展来推动，产业内的企业主体表现出新兴产业领域进入方式的异质性、企业规模的异质性与产权属性的异质性等三个突出特点。

六、外部性

我国的整体技术水平落后于发达国家，在我国产业的发展过程中，很多产业都出现过这样的现象：如果本土企业不能生产某种产品，那么外资企业的产品或者进口产品就会被定一个远高于合理水平的价格。受限于自身的技术水平，我们只能接受这一高价，让跨国公司赚取高额利润。然而一旦我国本土企业实现了该产品的产业化，外资企业就会或者试图收购本土企业，或者大幅度降价以阻止本土企业的进入，或者向我国市场引入更先进的技术和产品加以应对。技术是跨国公司最核心的资源和垄断优势来源，如果没有自身技术能力的提升，将产业技术进步寄希望于"以市场换技术"是不现实的。由于产业化之初，本土企业的产品还很不成熟，在技术水平、稳定性等方面可能低于跨国公司的产品，因此对市场缺乏吸引力。市场需求的不足使企业很可能处于亏损状态。从单个企业的角度看，产业化的成功并没有为其带来实际利益，甚至常常表现为初期的亏损。但是从整个国家的角度看，本土企业的产业化迫使跨国公司的产品价格大幅度降低，从而提高了整个国家的福利水平；或者迫使跨国公司引入更先进的技术，从而加快了我国整体产业技术水平的提高。因此，本土企业的产业化也具有很强的正外部性特征。产业化的投入往往达到研发投入的十倍乃至百倍以上，试图产业化的企业一方面要面临巨额的投入和极大的风险，另一方面正外部性的存在又使它们不能完全获得产业化的收益，因此也会导致愿意从事产业化的企业的数量和投资规模小于市场均衡水平。

战略性新兴产业是一种全新的经济形态，以全局长远性、创新驱动性、动态演化性、成长风险性、主体异质性、外部性为特征，主要强调其对经济社会全局和长远发展的战略性意义，以及与其他产业明显的区别（见表 3-2）。

表 3-2 战略性新兴产业与其他产业比较

特征	产业内涵	战略性新兴产业	一般新兴产业	战略性产业			高新技术产业
				主导产业	先导产业	支柱产业	
创新性	技术创新度	高	高	高	高	高	高
	商业模式创新度	高	高	高	高	高	高
需求性	现期需求	小	小	大	大	大	大
	未来需求	大	大	大	大	大	大
成长性	成长速度	快	快	快	快	快	快
	成长质量	高	未知	高	高	高	高
高效性	现期投入产出比	低	低	高	高	高	高
	未来投入产出比	高	高	高	高	高	高
导向性	体现国家意志程度	高	未知	高	高	高	较高
	促进结构调整程度	高	较高	高	高	高	较高
全局性	对经济发展的贡献	大	较大	大	大	大	大
	对社会民生的贡献	大	未知	大	大	大	大
长远性	长期效益	高	高	高	高	高	高
	可持续性	强	未知	强	强	强	未知
引领性	对国民经济的支撑	强	未知	强	未知	强	未知
	对其他产业的带动	强	未知	强	强	未知	强

第二节　战略性新兴产业金融需求特征

一、一般金融需求分析

战略性新兴产业的金融需求，从广义上和狭义上两个方面来定义。货币资金的融通是广义概念。根据资金拥有的状况、公司现在的经营情况及未来发展的需要，科学预测所需资金，从而向各种金融中介、企业投资者和债权人筹集资金，以保证企业正常运转和发展是狭义概念。新兴产业有不同的划分形式，主要有三种：一是内源融资和外源融资；二是债权融资和权益性融资；三是正规金融机构融资和非正规金融机构融资。

战略性新兴产业与传统的产业不同，其发展呈现高成长性和高不确定性等特性，因此其金融需求也与传统产业不同，主要有以下几个方面的特性。

（一）由单一融资方式向多元融资方式发展

随着竞争的加剧，企业对资金的需求加大，战略性新兴企业现在对进口押汇投标保函、履约保函、预付款保函、质量维修保函等金融产品的需求越来越大。

（二）融资渠道不断扩展

战略性新兴产业对包括政府投资引导基金、天使投资、风险投资、私募股权在内的创业投资产业链体系要求迫切。随着风险的不断加剧，对创业投资风险补偿基金，新能源项目的专项保险、汇率远期的保值合约、汇率及利率掉期等金融服务的需求也不断加强。

（三）综合服务需求加强

战略性新兴产业要想从银行借款需要有大量的固定资产、清晰的盈利模式等,但经常难以符合上述标准,因此之前单一金融产品难以有效地为这些企业提供服务,现代综合金融服务需求迫切。

二、产业生命周期分析

产业生命周期理论在经过不同的发展阶段之后,在1982年,戈特和克莱伯通过对46个产品最多长达73年的时间序列数据进行分析,按产业中的厂商数目进行划分,建立了产业经济学意义上第一个产业生命周期模型。该模型把产业的生命周期分为幼稚阶段、成长阶段、成熟阶段和衰退阶段四个阶段,区分产业所处阶段的指标主要包括:产业的市场认知度、产业需求增长速度、产业竞争度、产业技术创新程度和技术扩散程度、用户购买行为等。

战略性新兴产业虽然在发展策略和经济地位上与其他产业有所不同,但是,战略性新兴产业的发展也遵循产业生命周期理论,经历从产生期(幼稚期、初创期)到衰退期的完整生命过程。

(一)初创阶段

新产业处于萌芽阶段,只有为数不多的几家厂商投资于该产业,产业的市场认知度低,在这个阶段战略性新兴产业的内源融资已经不能很好地支持产业发展,此阶段的产业亟须外源资金的注入。

(二)成长阶段

新兴产业进入成长阶段,也称扩张阶段。在这一阶段,产业的市场认知度逐渐提高。在这个阶段,战略性新兴产业除了内源融资之外,部分企业开始可以获得上下游企业的商业信用,银行体系也可以根据担保情况和企业的经营数据为其提供部分贷款。

(三)成熟阶段

新兴产业进入成熟阶段。产业的主要产品的市场认可度很高,甚至达到市场主导水平,在这个阶段新兴产业从银行借贷也变得相对容易，社会其他资金对于成熟期企业也更加青睐，这一阶段企业不会面临较大的财务困境。

（四）衰退阶段

新兴产业发展进入末期之时就会变得艰难，大多数企业的正常利润下降并有一些企业退出这一领域，在这一阶段投机者和追逐高收益的风险投资者是衰退期企业的主要资金来源。

三、战略性新兴产业不同阶段的金融需求分析

战略性新兴产业发展生命周期的多阶段性，决定了其投资价值和投资风险的多样性，也决定了其在不同阶段对金融需求有不同的规律和特征（见图 3-1）。

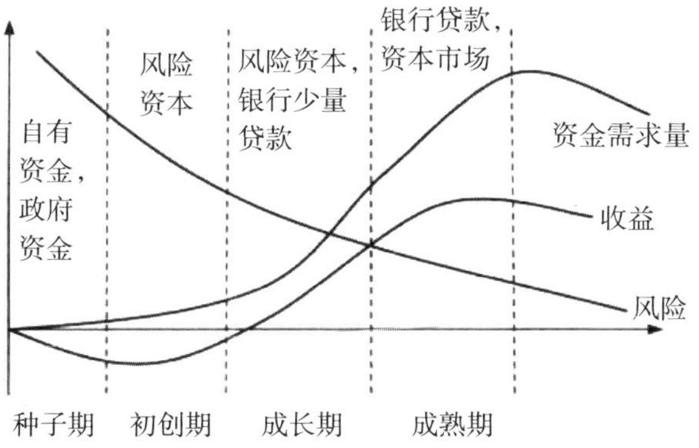

图 3-1　战略性新兴产业资本需求、收益与风险特征

根据其所处的不同阶段，战略性新兴产业对金融需求的特点也不同。

（一）种子期的金融需求

种子期的战略性新兴产业，大部分从事产品的研究开发，在实验阶段没有出售的产品，但企业的所有者认为产品有巨大的市场前景。这时的财务处于亏损期，没有收入来源，只有费用支出。种子期的企业对资金的需求往往较小，但风险较大，导致金融机构对其评级很低，商业金融机构不愿对其提供金融支持，这段时

期所获的资金主要是政府研究开发资金、创业者自有资金或自筹资金，少部分能获得一些天使投资。

（二）初创期的金融需求

初创期是将种子期研究所形成的具有商业价值的项目成果，通过创业来实现科技成果向产业化转化的阶段。这个时期企业的主要任务就是把资金投向产品开发和市场开发。初创期的技术风险和种子期相比有所降低，但市场风险和财务风险则变得较为突出。企业的信用评级在这一时期逐步提高，但要取得外部融资仍然十分困难。由于存在很高的风险，以谨慎为原则的商业银行往往不会为处于该时期的企业提供融资，这一时期，政府设立的扶持性创业基金将起到明显的支持作用。

（三）成长期的金融需求

成长期时，大部分企业的产品已经进入市场，企业销售收入、现金流量逐渐趋于稳定，企业面临的主要风险已转移到管理运营风险及规模化生产而形成的资金需求缺口的风险上来。这一时期企业的融资选择呈现多样化，可通过民间借贷、信用担保机构担保融资、政府基金、商品贸易融资、典当融资和股权的场外交易等方式获得融资。这一时期虽然企业急需资金，但对外融资的地位却从被动逐渐转为相对主动。

（四）成熟期的金融需求

成熟期时，企业已有相当实力，整个行业的经验业绩高速增长，经营风险降低，企业的组织结构等各方面都发生了质变。处于成熟期的战略性新兴产业对资金的需求量仍然很大，可抵押的资产越来越多，企业开始通过增加长期债务等增加财务杠杆作用的方式来进行融资，而商业银行等比较稳健的金融机构对战略性新兴产业的放贷意愿也明显增强，获得银行贷款的总体难度降低。

第三节　战略性新兴产业发展的金融支持现状

战略性新兴产业发展是中国政府产业结构升级、经济增长方式转变的重要措施。当前中国金融体系已经形成了以银行为主导、金融市场为补充的格局，这两大体系构成了战略性新兴产业发展的主要金融服务供应渠道。进一步来看，由于战略性新兴产业与传统产业相比存在的高成长性与高风险性，以风险资本为主的新金融业态也是战略性新兴产业发展所必不可少的融资渠道。

一、以银行为主的金融机构对战略性新兴产业支持现状

截至 2019 年末，中国上市银行数量已达 51 家，包括 6 家大型商业银行、9 家股份制商业银行、26 家城商行和 10 家农商行。中国上市银行数量、中国上市银行总资产规模达到新高，营业收入 52652.52 亿元，净利润达 17483.57 亿元（见图 3-2）。

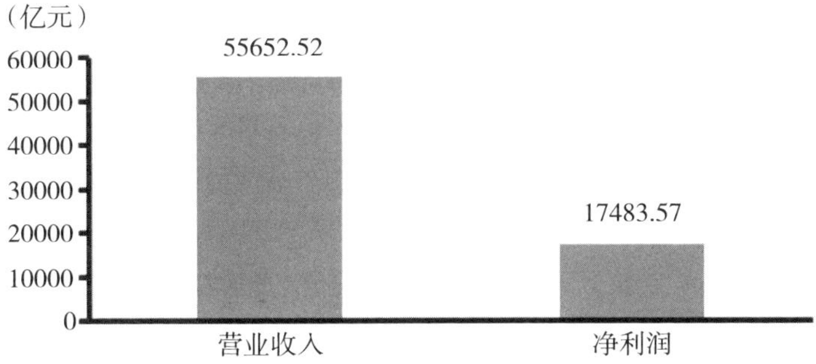

图 3-2　2019 年中国 51 家上市银行营业收入和净利润情况

总体来看，当期中国银行业金融机构近年表现出较为稳定发展态势，银行在动员储蓄、向社会赤字部门分配资金方面起着基础性关键作用。

（一）银行支持战略性新兴产业发展的现状

从规模上来看，当前银行机构体系对战略性新兴产业提供的

信贷支持是不足的。来自银监会的数据表明，近年来，国家开发银行全力支持重大科技创新项目，2020 年发放科技贷款 1494 亿元，同比增长 23%，服务了集成电路、商用飞机等一系列重大科技项目，助力关键领域核心技术取得新的突破。但这与发达国家对战略性新兴产业的支持还有很大差距，与战略性新兴产业巨大的资金需求相去甚远，而且与银行体系所掌握的巨量社会可贷资金相比也是微不足道的。因此，从规模上来看，当前银行体系对战略性新兴产业的支持是十分不够的。从投向上来看，由于当前中国商业银行体系与政府之间密切的联系，银行投向战略性新兴产业的有限资金，也倾向于对有政策扶植与具有财政资金支持的，且具有一定生产规模与技术优势的大型国有骨干企业配置。对于产业内大量的中小企业、初创型企业的关注十分缺乏。

（二）推动银行体系发展是金融支持战略性新兴产业基础

基于上述现状来看，当前银行体系在支持战略性新兴产业发展时，存在显著的规模不够与有偏配置问题。这一方面固然是由于战略性新兴产业自身发展的特点使然，另一方面也是中国银行体系的发展不够造成的。战略性新兴产业的发展主体以初创期的高技术企业为主，此类企业出于对企业控制权的偏好而青睐于债务融资。银行信贷是债权融资中成本较低的一种，因而银行信贷资金应当是战略性新兴产业首选的外源资金。基于历史与现实的发展考察，当前中国的金融结构显然是以银行为主导，而且这种结构体系会在未来很长一段时间内成为中国金融发展的代表。因此，推动银行体系发展成为实现战略性新兴产业发展金融支持机制的基础。

尽管我国的商业银行体系因为与政府之间的密切联系而遭受诟病，还存在较为严重的信贷资金配资扭曲现象，但是在政府合理的制度设计与改革措施作用下，这种政府与金融之间的联系也使商业银行发展成为金融支持战略性新兴产业发展的可行路径。在世界范围内，这种政府与银行密切联系推动战略性新兴产业发展的成功案例比比皆是。德国、日本、韩国都是靠政府与大型银行之间密切合作，推动战略性新兴产业发展而实现经济腾飞的。从经济学角度,战略性新兴产业发展的资金需求往往具有分散化、长期性特点。商业银行则凭借金融中介的规模经济与期限转换能力,在满足此类资金需求时具有比较优势。因此,尽管银行将资金从传统产业转向新兴产业确有风险,但这种风险会因为政府的扶持与鼓励而大为化解,银行可以在没有后顾之忧的情况下充分发挥自身优势来实现对战略性新兴产业发展的金融支持。

进一步来看,内生金融发展强调经济内生的需求推动金融机构出现与发展,推动中国银行金融机构发展来支持战略性新兴产业,同样也是经济内生发展的必然需求导致的。在2009年世界金融危机的冲击下,发展新兴产业、推动产业结构升级与经济发展方式转变已经成为世界经济发展的新潮流。中国作为发展中国家,在这次潮流中不仅不置身事外,还制定雄心勃勃的发展战略力图实现跨越发展。在这样的发展大势驱动之下,商业银行如果不积极适应产业结构升级带来的宏观经济环境变化,及时将资金从传统产业领域转向新兴产业领域配置,不仅会增加银行体系的系统性风险,也无法保证银行当前高利润增长模式长期维持。

二、推动金融市场发展是战略性新兴产业金融支持的关键

债权融资是战略性新兴产业内企业较为偏好的融资方式。通过发行债券融资尽管融资成本要高一些,但是好处是银行信贷所不能比拟的。第一,债券的发行意味着企业经营能力稳健,对提高企业市场信用具有极强的作用;第二,债券融资的“杠杆效应”既保证创业型新兴企业家的控制权,又确保足够的外源融资进入;第三,债券融资的“税盾效应”能保证战略性新兴产业内的企业发展收益尽可能地从政府手中向投资者转移,这也能吸引外源资金的进入;第四,债券融资的资金使用监管相对银行信贷资金监督来说,创新型企业家的自主支配程度要高。

相对债权融资而言,股权融资是战略性新兴产业发展不怎么偏好,但又必须选择的融资方式。战略性新兴产业发展充满不确定性,债权融资的好处虽多但债权融资没有与企业共同分担风险的义务,因此从风险分散的角度战略性新兴产业必须借助股权融资。进一步从战略性新兴产业内的企业特点来看,研发密度高是

其典型的特点，高知型科研人员既是企业的投入，也是企业的主要“资产”。这类人员的潜在收益预期很大，如果没有合适的激励机制，很难保证企业发展。而企业成长后股票发行带来的潜在高收益正好能满足此类人员的预期。因此从这个意义上来说，发展股票市场融资是实现战略性新兴产业发展金融支持机制实现的另一项关键保证。

尽管中国金融市场处于一个高速发展的时期，但是依据金融发展理论来看，中国金融市场的金融功能发挥还存在一些较为明显的不足。首先是从储蓄动员的能力来看，以金融市场为主导的直接融资体系动员储蓄的能力远远小于以银行为主的间接融资体系。在欧美等发达国家，社会融资总额中直接融资与间接融资的比例通常是6∶4的水平，即便是日、德这样传统的银行主导型金融体系，其直接融资与间接融资比例也接近于4∶6的水平。而中国的这一比例则是2∶8。因此相对金融发展水平高的国家，中国的金融市场动员储蓄的功能还不足。其次是资本配置的能力，中国金融市场也存在一个低效率问题。从宏观经济角度来说，私营经济部门比公共经济部门的效率是高一些的，因此金融市场功能的发挥主要体现于将社会盈余资金向私营赤字部门配置。然而，中国的金融市场作为制度设计的产业，其先天性产权偏好、规模偏好使参与市场融资和交易的多数是国有企业、大型企业，甚至是半官方性质的融资平台，这对创新型的中小企业、偏重于私人产业性质的战略性新兴产业显然是不利的。

由于当前中国金融市场发展与银行体系相比还处于较低水平，与世界先进国家相比还有很大的提升空间，因此推动金融市场发展成为实现战略性新兴产业发展金融支持机制的关键。

三、以风险投资为主的新金融业态对战略性新兴产业支持现状

（一）新金融业态发展现状

新金融业态是指相对于传统的银行、保险、证券等金融机构或债券与股票市场而言，为弥补传统金融服务不足而日益兴起的新金融机构、准金融机构或某类金融子市场或创新金融服务工具、模

式与标准等。新金融业态主要包括将新金融工具与新金融市场结合发展的私募股权投资和风险投资、产业发展基金等，其中最具代表性的是风险资本。发达国家风险资本已经发展成为一个产业，并作为国家创新体系的重要组成部分，起推动高新技术研发与产业化的关键作用。比如，美国的硅谷、纳斯达克市场因集聚了大量风险投资而成为美国高技术产业发展的重要孵化基地。

数据显示，尽管在 2012 年中国的风险投资新募集资金 798.34 亿元，完成投资 1038.76 亿元，但是相对之前年份的发展，呈现出融资规模下降、平均单个项目投资强度回落、投资阶段后移、退出渠道狭窄等特点。为了鼓励风险资本积极参与投资中国的科技型新兴产业，从 2002 年起中国政府就借鉴发达国家扶持股权投资的做法，由政府财政资金出面设立产业发展引导基金。产业引导基金作为政府参与创业风险投资等新金融资本发展的直接手段，其目的是引导社会资金流向政府鼓励的产业领域，实现政府产业发展目标。通常的运作模式是以“母基金”投资方式，或牵头设立创业投资机构，或参与社会资本设立的 VC/PE 资本，其经营的不是以营利为主而是以直接鼓励创业风险投资发展为主来支持新兴产业成长。在 2008 年金融危机之后，为了实现战略性新兴产业发展的目标，产业引导基金的规模扩张呈现爆炸式特点，2019 年上半年，全国政府引导基金共 1311 只，总规模达到 19694 亿元，政府引导基金母子基金群总规模约为 82271 亿元（见图 3–3）。

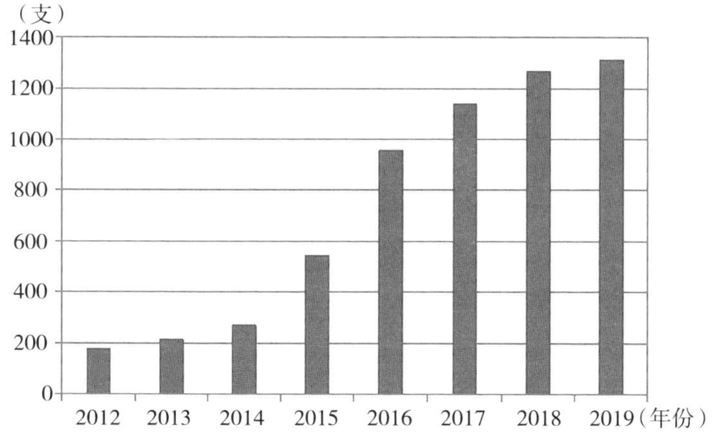

图 3–3　2012—2019 年我国政府引导基金数量统计

（二）新金融业态对战略性新兴产业支持现状

从规模上来看，战略性新兴产业获得新金融业态支持的规模还是不大。2013年的《中国风险投资年鉴》中数据表明，风险投资所热衷投资的前五大产业领域中，只有新能源产业是战略性新兴产业，其融资规模只占风险投资总额的不到30%。从投资阶段来看，当前中国的新金融业态对战略性新兴产业创新发展的鼓励力度并不大，多数新金融业态资金没有在产业的初创期进入产业内的企业，而是选择了在成长期的后期进入。这种投资阶段后移的现象不能为战略性新兴产业内的企业带去雪中送炭的效果，只能起到锦上添花的点缀，于产业发展并没有多大实际意义。从新金融业态与战略性新兴产业发展关系来看，两者之间也没有形成良性的互动促进关系。国外的新金融业态与高技术产业发展的实践表明，两者之间具有互相促进、协调发展的长期均衡关系。而当前新金融业态发展对战略性新兴产业的支持力度是有限的，对产业发展的促进作用还不突出；反过来产业的成长利润还没有对新金融业态形成足够的反馈。因此，战略性新兴产业与新金融业态之间还没有形成良好的互动发展关系。

（三）推动新金融业态发展是战略性新兴产业金融支持的未来趋势

从战略性新兴产业高技术产业化的特征来说，技术创新只是产业发展的起点，顺利实现高新技术产业化才是产业发展的关键所在。然而，对于多数处于战略性新兴产业内的创新型中小企业来说，缺乏足够的生产管理与市场开拓经验，会使成功的技术创新因为难以产业化而变得毫无意义。风险投资作为传统金融服务的弥补形式，其最大的作用就在于在提供融资服务的同时还提供了“融智”服务。风险投资人之所以敢于承担风险追逐高度创新的发展项目，就在于他们首先是某一行业领域的专家。他们凭借手中的资本优势与行业经验，寻找出最具发展潜力的技术创新，以最快的速度将产业化新兴技术的创新企业培育成熟，然后在市场转让获利。出于对项目投资的风险管理与快速追逐收益的动机，风险投资人会凭借多年的行业经验与积累的市场网络关系，直接指导甚至是参与高技术新兴企业的经营管理与市场开拓，从而促进战略性新兴产业整体发展。综合上述分析可以看到，推动以风险投资为主的新金融发展不仅有很大的潜力，也是实现战略性新兴产业金融支持机制的未来发展趋势。

四、政策工具对战略性新兴产业支持现状

根据政策着力点的不同，政策工具可以分为供给型、环境型和需求型三大类。战略性新兴产业政策工具一览表见表 3-3[①]。

表 3-3 战略性新兴产业政策工具一览表

政策工具	措施
供给型政策工具	人才培养
	资金支持
	技术支持
	公共服务
环境型政策工具	目标规划
	金融支持
	法规规范
	产权保护
	税收优惠
需求型政策工具	政府采购
	贸易政策
	用户补贴
	应用示范
	价格指导

"十三五"上半期我国战略性新兴产业三大类政策工具分布中（图 3-4）[②]，环境型政策工具与供给型政策工具占比较高，分别

① 李晓华，吕铁．战略性新兴产业的特征与政策导向研究 [J]. 宏观研究研究，2010（9）：20-26.
② 中国工程科技发展战略研究院．2019 中国战略性新兴产业发展报告 [M]. 北京：科学出版社，2018.

为45%、43%，需求型政策工具占比12%，说明“十三五”上半期中央政府的政策着力点主要是改善产业环境和调整产业供给。

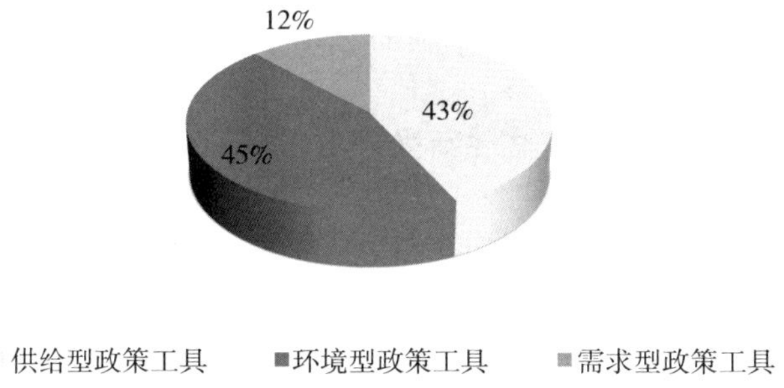

图 3-4　战略性新兴产业三大类政策工具分布图

如图3-5[①]所示，“十三五”上半期，公共服务和技术支持政策工具使用最多；环境型政策工具中，目标规划政策工具使用广泛；需求型政策工具直接作用于市场端，其中应用示范政策工具使用较多。

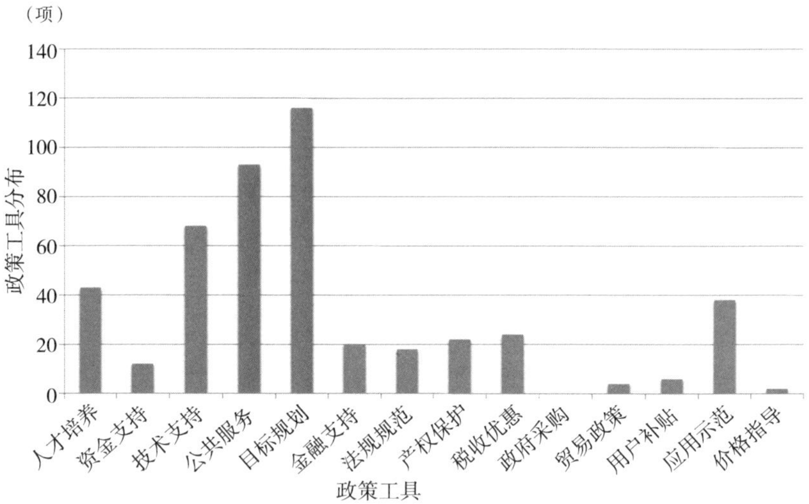

图 3-5　战略性新兴产业主要政策工具细分图

① 中国工程科技发展战略研究院.2019中国战略性新兴产业发展报告[M].北京：科学出版社，2018.

（一）主要供给型政策工具分析

如图 3-6[①] 所示，“十三五”上半期我国战略性新兴产业供给型政策工具中，公共服务政策工具占比最高，达到 43%；其次为技术支持和人才培养政策工具，分别占 32%、20%；资金支持政策工具占供给型政策工具的 5%。

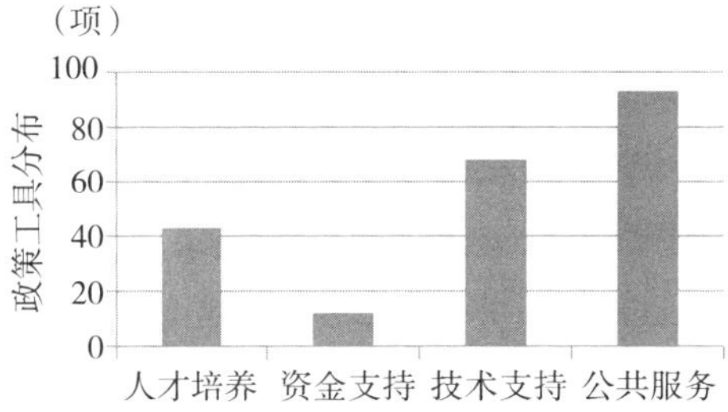

（a）主要供给型政策工具分布

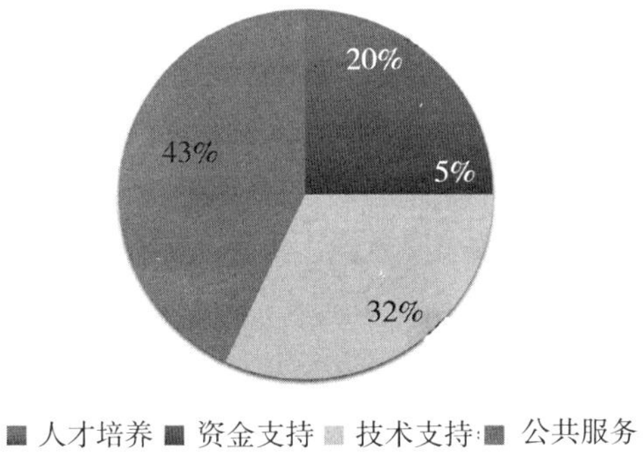

（b）占比

图 3-6 主要供给型政策工具占比

① 中国工程科技发展战略研究院.2019 中国战略性新兴产业发展报告[M].北京：科学出版社，2018.

（二）主要环境型政策工具分析

从图 3-7① 可以看出，目标规划政策工具最多，占环境型政策工具的 57%；税收优惠政策工具、产权保护政策工具、金融支持政策工具、法规规范政策工具分别占 13%、11%、10%、9%。

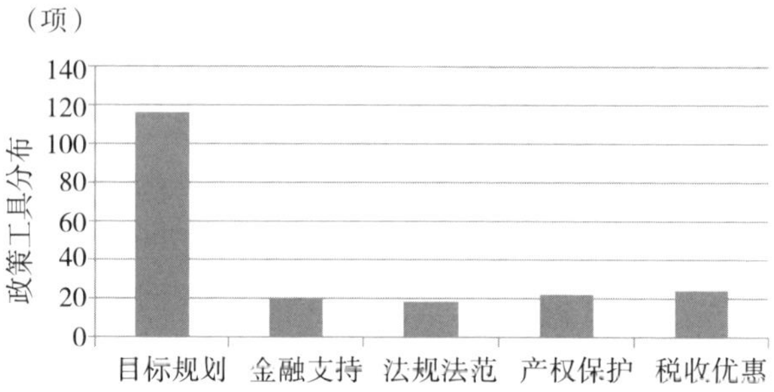

（a）主要环境型政策工具分布

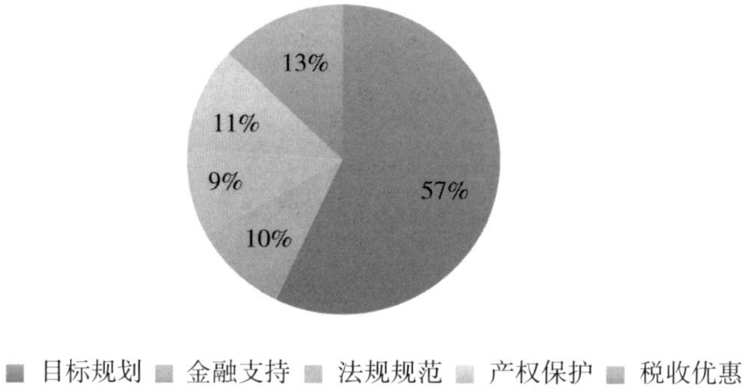

（b）占比

图 3-7　主要环境型政策工具分布图

（三）主要需求型政策工具分析

如图 3-8② 所示，主要需求型政策工具分布中，应用示范政策

---

① 中国工程科技发展战略研究院 .2019 中国战略性新兴产业发展报告 [M]. 北京：科学出版社，2018.

② 中国工程科技发展战略研究院 .2019 中国战略性新兴产业发展报告 [M]. 北京：科学出版社，2018.

工具占总数的83%，是各产业使用最为广泛的需求型政策工具；政府采购、贸易政策、用户补贴和价格指导政策工具则相对较少。

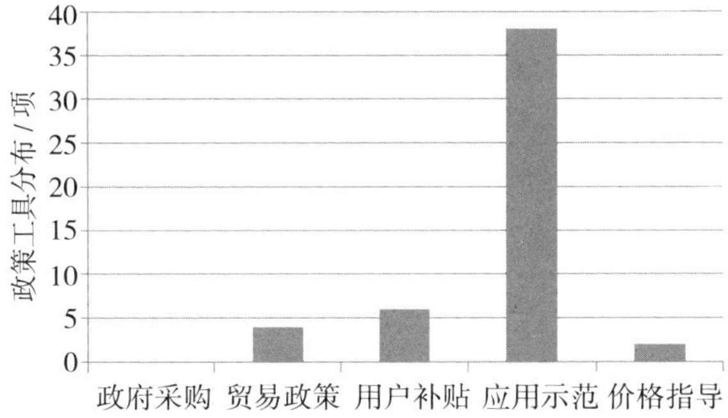

（a）主要需求型政策工具分布

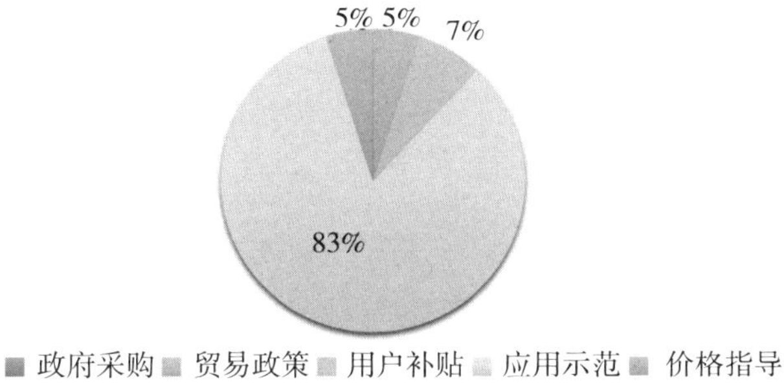

（b）占比

图3-8　主要需求型政策工具分布图

第四章

第四章　战略性新兴产业融资模式分析

战略性新兴产业在融资过程中面临较多制约。由于企业产品开发周期长，增加了投资方判断其前景的难度[①]。大多科创企业具有不确定性，缺乏可抵押的资产。金融机构要借鉴国外成熟的成功的服务战略性新兴产业的创新模式，创新相关金融产品，为战略性新兴产业提供全周期金融支持。

第一节　传统型融资模式分析

目前，我国战略性新兴产业的资金多来源于传统的融资渠道，除了内部的留存收益外，主要来自银行体系，发行证券（股票、债券），商业信用融资。随着战略性新兴产业的发展，这些资金来源越发凸显出诸多弊端，资金的规模也不能满足战略性新兴产业发展的需要。下面就这四种传统的融资模式做简要分析。

一、内部留存收益

内部留存收益（留存收益、折旧）属于内源融资。内源融资具

① 吴海燕．跨境电子商务企业绩效影响因素实证分析[J]．商业经济研究，2017（07）：89-91．

有三个特点，即自发性、自主性、无风险。因此，在发达国家，内源融资一般是企业的首选融资方式，只有在内源融集的资金不能满足企业的经营发展需要时，才会转向外源融资①。我国战略性新兴产业中的企业也大多如此。

内部留存收益在企业初创期保持充足是企业得以存续和发展的重要保障之一，由于属于自有资金所以不受外界的干扰，自主性比较强，而且对于股东也具激励作用。从我国战略性新兴产业的报表可以看到，战略性新兴产业大多将内源融资作为融资方式的首要选择，并且在资产负债表中，留存收益的数额较高。

在发达国家，内源融资也是企业的首选融资方式。美、日、英、德等发达国家的战略性新兴产业在融资方式的选择上无一例外将内源融资作为首选。但是在创业初期，企业的内部留存收益会很少，有的企业甚至在最初的研发期没有任何的留存收益，只能举债经营，因此，虽然内部留存收益在理论上是最优的融资方式，但是也要视具体情况而论。

二、银行间接融资

目前，我国投融资体系中，银行体系仍在发挥着举足轻重的作用，在我国战略性新兴产业的融资体系中，银行体系的作用在近年来发生了一些变化，主要体现在银行体系的作用随时间的推移逐渐减弱。

根据战略性新兴产业2014—2019年的年报数据显示，2014—2019年，银行体系的资金支持在战略性新兴产业的各企业的发展中占据重要地位。上海国际港务（集团）股份有限公司2017—2019年末及2020年6月末，发行人的刚性负债余额分别为468.92亿元、497.55亿元、400.68亿元和477.10亿元。自2012年以来战略性新兴产业的发展对于银行体系的依赖明显减少。总体来说，我国的银行体系主要由四大商业银行、地方商业银行城乡信用社等组成。特别是工、农、中、建四大商业银行，拥有全球性的分支网点，是我国银行体系中的主要支柱。随着各大

① 吴海燕，张国卿．环首都经济圈承接产业转移的金融体系调整[J]．宏观经济管理，2017（4）：46-50.

银行的相继上市，商业银行的发展和运营也越来越规范、成熟，对于支持高新技术产业和中小企业的发展起到了重要的作用。但是，这种银行体系也存在一些问题。例如，以银行体系为主导的投融资体系中，银行拥有选择权，对于国有企业、大型企业以及资信状况良好的企业来说，银行会支持其发展，它们的融资难问题并不是很严重。但是对于财务状况差、缺少抵押物、处于发展初期、竞争力尚未明朗的企业来说，获得银行贷款会十分困难，银行一般会提高这些企业准入门槛，或者授信不足，而这些企业正是亟须资金支持的企业，这样一来，银行与企业之间并不能有效对接，在某种程度上，影响了新兴企业的发展。

三、发行证券

资本市场直接融资是发达国家战略性新兴产业融资的主要渠道，但是，由于我国资本市场尚不发达，战略性新兴产业内外部的发展也千差万别，因此，我国战略性新兴产业上市融资的企业数量仍然较少，在资本市场进行融资的企业中，大部分选择了股权融资的方式，发行债券进行筹资的企业相对较少。

（一）整体业绩表现平稳

1. 产业规模总体保持较快成长

2017 年，战略性新兴产业上市公司延续近年来的快速发展态势，营收增速连续第二年保持在 15% 以上，达到 16.6%，略低于上市公司总体营收增速。全年战略性新兴产业上市公司实现营收总额达到 4.43 万亿，占上市公司总体营收比重达到 11.3%，较“十二五”末提升 0.6 个百分点（见图 4–1）[①]。

① 数据来源：2017 年战略性新兴产业上市公司发展报告（http：//www.jzcx.net/article/699.html）.

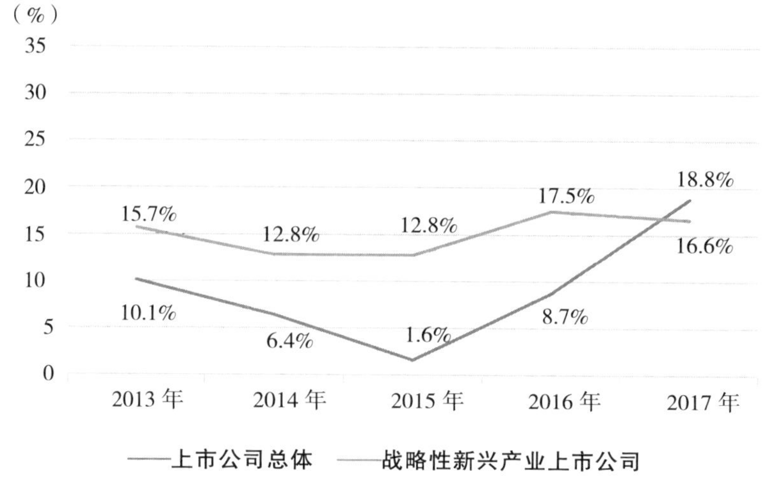

图 4-1 战略性新兴产业上市公司营收增速同上市公司整体对比

2. 区域新增长极带动作用持续增强

“十三五”末期，全国四大区域战略性新兴产业上市公司整体表现良好。虽然，全年仅西部地区营收增速较 2016 年有所提升，但是其他区域整体营收增速基本保持在合理区间，增速环比仅小幅回调（见图 4-2）①。

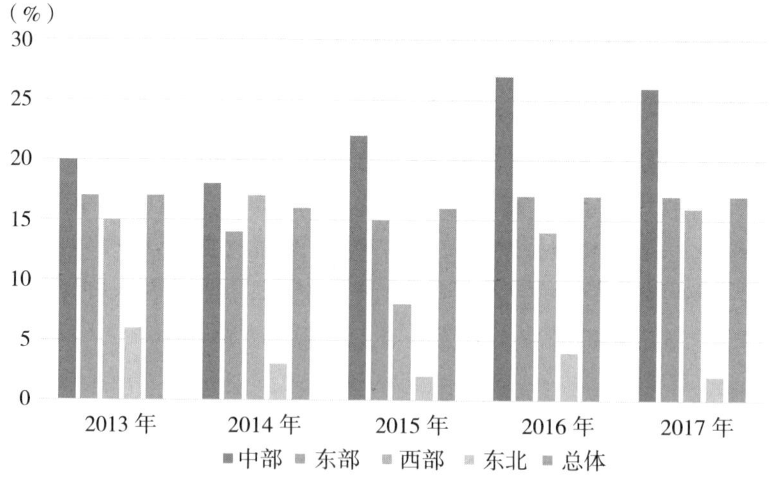

图 4-2 分区域战略性新兴产业上市公司营收增速对比

① 数据来源：2017 年战略性新兴产业上市公司发展报告（http：//www.jzcx.net/article/699.html）.

3. 企业创新投入不断提升

十三五"以来，在创新驱动发展战略引领下，战略性新兴产业重点行业、重点企业创新投入持续提升。2019 年战略性新兴产业上市公司平均研发支出达到 2.4 亿元。较"十二五"末提升 92.7%，同期研发强度达 7.66%，高出上市公司总体 2.08 个百分点，较"十二五"末提升 1.22 个百分点。[①]

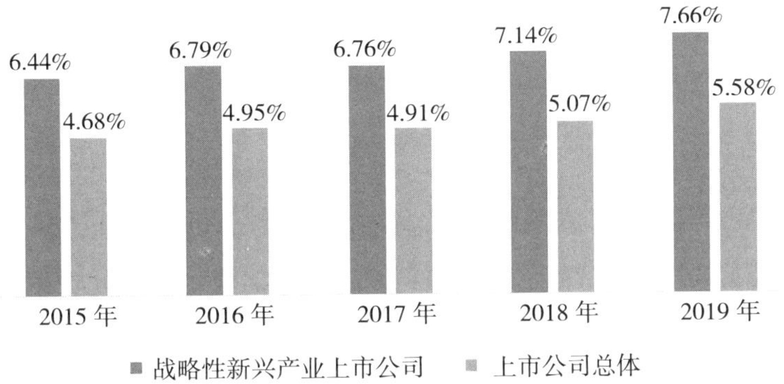

图 4-3　战略性新兴产业和 A 股上市公司研发强度对比

（二）产业发展质量再上新台阶

1. 重点领域发展更趋均衡

2017 年，除高端装备及数字创意产业外，战略性新兴产业重点领域基本实现了较快增长，营收实现两位数增长，业绩表现更趋均衡。一是节能环保、新材料营收表现处于第一梯队。2017 年节能环保上市公司营收增长 31.3%，连续第二年处于领跑位置，节能环保三大子行业营收均有上佳表现；受新型功能材料持续发力带动，新材料产业增速实现连续大幅反弹，2017 年营收同比增长 30.3%，环比提升 12.9 个百分点。二是新能源、新一代信息技术、生物以及数字创意产业处于第二梯队。在智能电网、太阳能、高端软件和新兴信息服务、生物医学工程、设计服务等

① 数据来源：2017 年战略性新兴产业上市公司发展报告（http://www.jzcx.net/article/699.html）.

行业带动下，2017 年第二梯队四大产业营收增速分别达 20.0%、18.0%、17.4% 以及 8.5%，其中数字创意产业受文化产业整体发展放缓影响，业绩环比出现大幅回落，仅乐视网一家公司就下拉数字创意整体营收增速 5.7 个百分点。三是高端装备产业处于第三梯队。受海洋工程装备和轨道交通装备业绩下滑影响，2017 年高端装备上市公司业绩继续低位徘徊，营收同比下降 1.2%，增速已连续三年保持在个位数或负增长（见图 4-4）[①]。

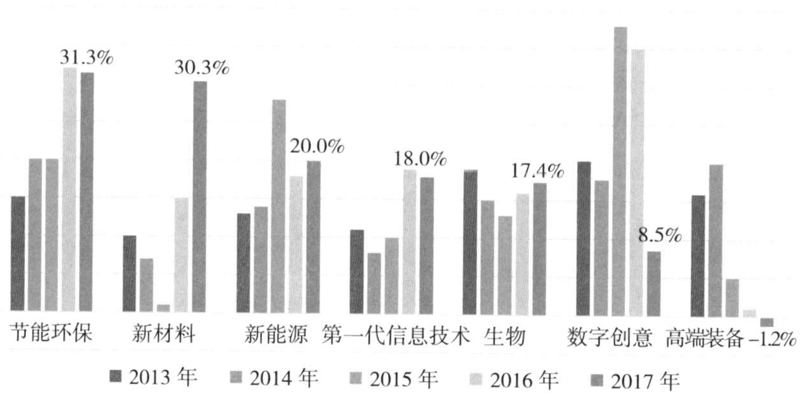

图 4-4 战略性新兴产业上市公司主要产业营收增速对比

2. 并购推动转型升级取得新成效

2017 年，共有 468 家次战略性新兴产业上市公司完成并购，占同期上市公司并购总数的 47.4%，全年交易总价值达 2987.3 亿元，并购活跃度明显高于传统行业。新一代信息技术、生物以及节能环保三大领域完成并购数最高，2017 分别完成 160 家次、95 家次以及 56 家次，合计占比 68.5%。

虽然横向整合依然是战略性新兴产业上市公司并购重组的主要目的，但是越来越多公司出于多元化战略和资产调整考虑进行了跨领域并购，并通过并购加快公司转型升级。例如，蓝帆医疗以 58.95 亿元购买两公司股权（CBCH II 62.61% 股权，CBCH V 100% 股权），间接持有柏盛国际 100% 股权。柏盛国际是全球知名的心脏支架制造商。蓝帆医疗通过本次交易将从医

① 数据来源：2017 年战略性新兴产业上市公司发展报告（http://www.jzcx.net/article/699.html）.

疗手套板块转型介入心血管科室医疗器械板块，并快速提升整体的全球竞争力。高端装备制造及显示材料供应商东旭光电以30亿元收购申龙客车100%股权，成功布局新能源整车制造领域，而其推出的石墨烯基锂离子电池还可以与申龙客车一起发挥产业链上下游的协同效应。

3. 创新发展助推产业竞争实力增强

在创新驱动发展战略引领下，战略性新兴产业上市公司创新活力进一步迸发。2017年，战略性新兴产业上市公司平均研发支出达到1.5亿元，环比提升20.5%，同期研发强度达6.47%，高出上市公司总体1.76个百分点。其中，新一代信息技术、新能源汽车以及高端装备领域上市公司研发强度相对最高，企业研发投入大，2017年研发强度分别达8.49%、7.40%以及6.97%（见图4-5）[①]。

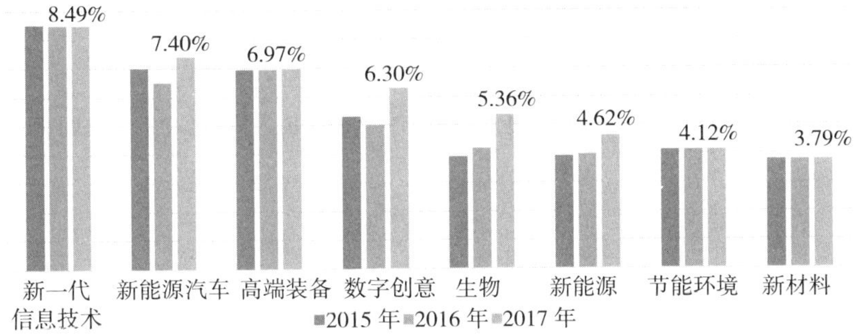

图4-5　战略性新兴产业上市公司海外业务收入规模（亿元）及增速

4. 国际化发展能力持续提升

在“一带一路”倡议的带动下，战略性新兴产业上市公司努力开拓海外市场，境外业务持续扩展，国际竞争力不断增强。2017年战略性新兴产业上市公司海外业务收入达9656.2亿元，同比增长19.8%，呈现加速上涨态势（见图4-6）[②]。战略性新兴产业上市公司海外业务的快速增长，一方面得益于自身实力增强及积极开拓海外市场，另一方面得益于海外并购实现占有率的快速

① 数据来源：2017年战略性新兴产业上市公司发展报告（http://www.jzcx.net/article/699.html）.

② 数据来源：2017年战略性新兴产业上市公司发展报告（http://www.jzcx.net/article/699.html）.

提升。例如，网宿科技以211亿日元（12.75亿元人民币）的交易金额收购日本全球性CDN服务提供商CDNW公司，通过此次收购搭建全球网络节点布局，进一步巩固和加强网宿科技的全球行业地位；联络互动以17.7亿元收购美国第二大电商Newegg，为中国智能硬件产品出海提供了强大的变现渠道和推广平台，进一步提高品牌价值和用户认知度。

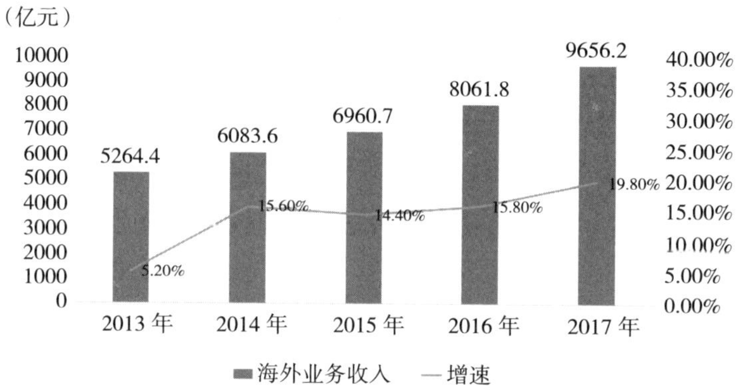

图4-6　战略性新兴产业上市公司海外业务收入规模（亿元）及增速

（三）稳步去杠杆成效显著

1. 财务杠杆率维持在较低水平

在经济去杠杆大背景下，2017年战略性新兴产业上市公司杠杆率上升势头得到有效遏制，企业负债水平和财务风险整体保持在合理水平。2017年战略性新兴产业上市公司平均资产负债率为37.0%，环比微升0.2个百分点，较“十二五”高点下降近2个百分点（见图4-7）[①]。在杠杆率下降的同时，战略性新兴产业投资扩张步伐也在理性降速。2017年战略性新兴产业上市公司固定资产净值为2.46万亿元，同比增长8.9%，增速环比回落5.5个百分点，处于近年来的最低点（见图4-8）[②]。

① 数据来源：2017年战略性新兴产业上市公司发展报告（http://www.jzcx.net/article/699.html）.

② 同上.

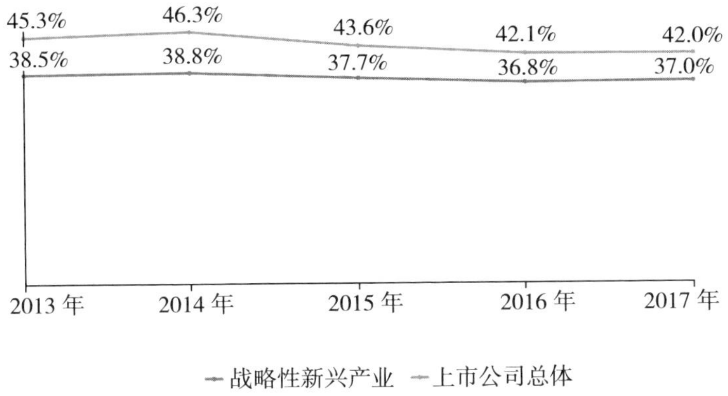

图 4-7　战略性新兴产业上市公司平均资产负债率变化（2013—2017 年）

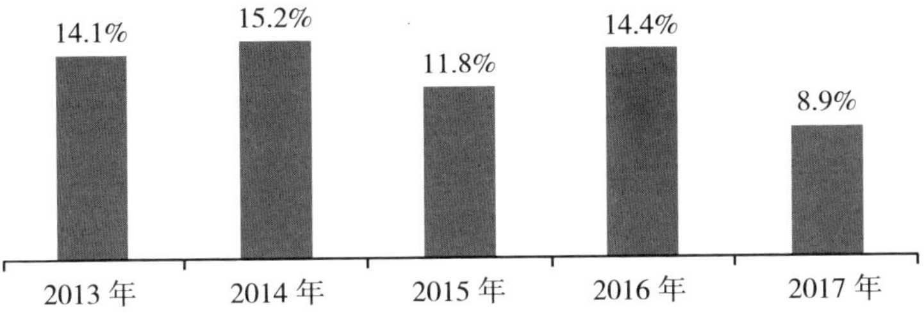

图 4-8　战略性新兴产业上市公司固定资产净值增速变化

2. 融资结构持续优化

当前，我国战略性新兴产业上市公司总体融资结构依然存在债权融资占比高（占比超八成）等问题，但是细分结构呈现了优化的趋势。从股权融资来看，近年来 IPO 融资占比呈现上升趋势，尤其是 2017 年融资占比超过 20% 以上，而增发融资下滑至 80% 以下（见图 4-9）[①]；从债权融资来看，“十二五”以来战略性新兴产业上市公司债券以及金融机构长期借款融资占比出现较为明显提升，2017 年两者融资占比分别为 14.6% 和 38.8%，处于较高水平，通过合理的优化债权融资结构，有助于企业降低融资成本及经营风险（见图 4-10）[②]。

① 数据来源：2017 年战略性新兴产业上市公司发展报告（http：//www.jzcx.net/article/699.html）.

② 同上.

图 4-9 战略性新兴产业上市公司股权融资结构变化

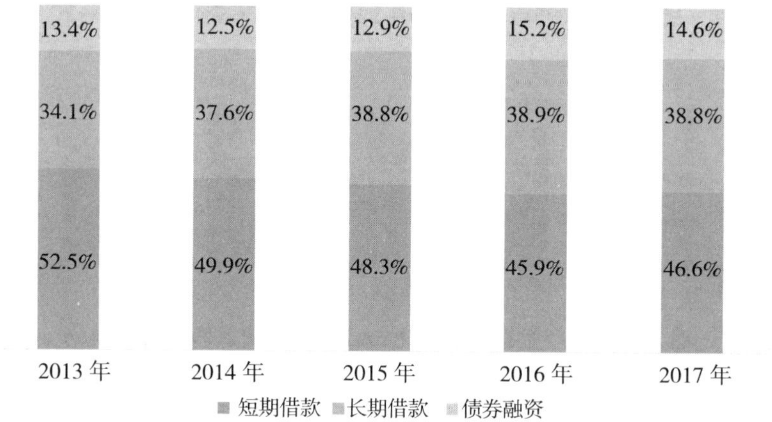

图 4-10 战略性新兴产业上市公司债权融资结构变化

3. 股价涨幅理性回调

近几年来，受股市整体波动影响，战略性新兴产业上市公司股价涨幅出现明显回落。2017 年股价平均涨幅达 8.8%，高于上市公司总体6.6个百分点，但涨幅明显低于“十二五”时期水平（见图 4-11）[①]。

① 数据来源：2017 年战略性新兴产业上市公司发展报告（http://www.jzcx.net/article/699.html）.

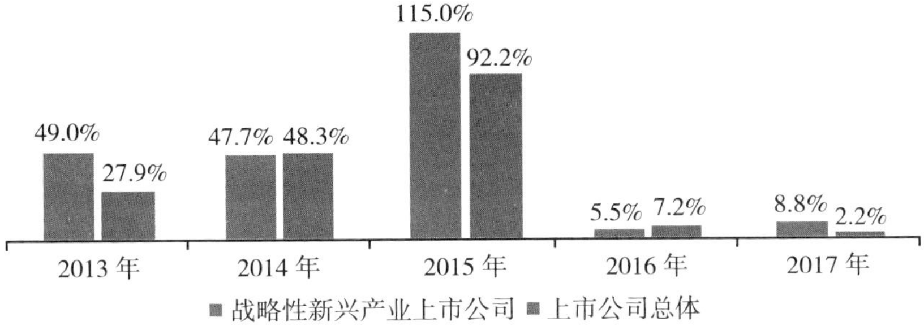

图 4-11 战略性新兴产业上市公司及上市公司总体股价平均涨幅对比

（四）社会贡献取得新进展

2017 年，战略性新兴产业上市公司积极履行社会责任，成为推动构建和谐社会的重要力量。税收贡献方面，2017 年战略性新兴产业上市公司共支付 3319.6 亿元，同比增长 11.9%，对于上市公司总体税收贡献度达 11.1%，环比提升 0.7 个百分点，贡献度呈持续上升态势（见图 4-12）。解决就业方面，2017 年战略性新兴产业上市公司雇佣员工数量稳步上升，期末员工数量达 586.1 万人，同比增长 7.4%，高于上市公司总体 3 个百分点。支付薪酬方面，2017 年战略性新兴产业上市公司给员工支付的薪酬继续保持较快增长，全年共支付 7052.4 亿元，人均支付 12.0 万元，同比增长 9.9%[①]。

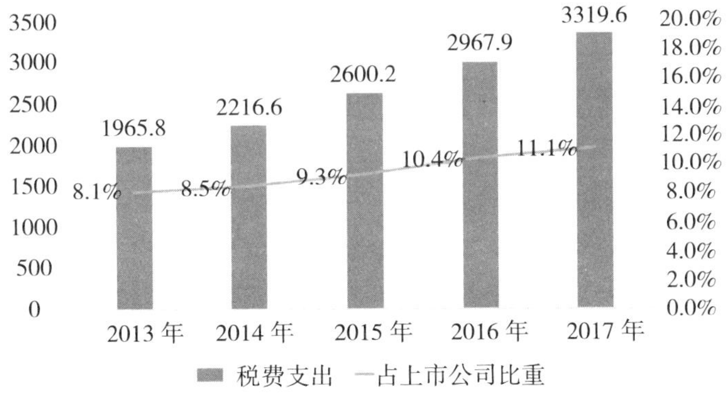

图 4-12 战略性新兴产业上市公司税费支出（亿元）及占上市公司比重

① 数据来源：2017 年战略性新兴产业上市公司发展报告（http://www.jzcx.net/article/699.html）.

四、商业信用融资

商业信用，是指企业在商品交易时延期付款或预收货款而形成的借贷关系，它是由于商品交易中钱与货在空间和时间上的分离而形成的企业间的一种间接信用行为，属于自然融资形式。商品信用产生于银行信用之前，但银行信用出现之后，商业信用仍然存在，并且由于商业信用产生于商品交换之中，因而商品经济越发达，采用商业信用形式融通资金的企业越普遍。

商业信用融资方式的形成和发展有赖于产业链的形成和健全的市场管理制度，作为企业之间的短期资金融通，商业信用融资方式不仅能够很好地缓解企业短期的资金不足问题，又能够加强企业之间的互信互利。此外，商业信用融资方式不需要办理复杂的申请审批手续，门槛低，灵活性强，弹性较大，不需要支付股息、利息等融资成本，具有很多实际操作上的优点，因此，为越来越多的企业所采用。

但是，商业信用融资方式也有其不足的一面，主要体现在融资主体单一和融资资金金额较少两个方面。与资本市场直接融资相比，商业信用融资方式的融资主体较少，仅限于交易双方和上下游企业之间，并且资金量仅限于赊销的金额，因此，对于企业发展来说，能够提供的资金支持还是相对较少的。

第二节　创新型融资模式分析

战略性新兴产业不同于其他产业，其自身的特性和所处的发展阶段决定了一般的融资模式不足以完全解决其融资困境，在改善传统融资模式的相关制度体系的同时，战略性新兴产业还需要融资方式的创新。

一、金融租赁融资

金融租赁，也称为融资租赁，是一种非常重要的金融创新，主要是指承租人与出租人签订融资租赁合约之后，出租人通过在一定时期内出让某种资产的使用权而获得融通资金的一种经济行为。

我国财政部于2012年7月对融资租赁进行了明确定义，它作为一种新兴的融资方式，融合了服务、贸易、金融等多种因素，解决了许多传统融资模式不能解决的问题。

我国的金融租赁产业经过几十年的发展，租赁公司的规模、经营业务范围等都有了较大的改善和进步。公司数目方面，中国租赁公司不断发展壮大。金融租赁行业在2017年得到银行、央企的入股后，资金实力大增。截至2020年6月底，在以注册资金为序的全国融资租赁企业50强排行榜中，有110家企业入围，其中，天津渤海租赁有限公司以221.01亿元人民币位居榜首，工银金融租赁、交银金融租赁，注册资金分别达到180亿元、140亿元，分列第二、第三位。

总体来说，金融租赁产业的发展优化了我国金融结构，促进了体系的发展，对推进战略性新兴产业的发展有较大的助力作用。特别是对于战略性新兴产业中的中小企业而言，金融租赁融资方式灵活简单、成本较低，并且属于表外融资方式，能够改善企业的资产负债结构，减少税费。

但是，不容否认的是，我国的金融租赁业起步较晚，在制度建设和运用模式上尚不健全，在金融体系中所占比例较小，对于我国战略性新兴产业发展的支持力度有待于进一步的提升。

二、信用担保融资

信用担保从本质上来说是以第三方增强信用的手段获得资金融通的方式。

我国的信贷担保体系起步于20世纪90年代初。目前我国担保性的公司主要分三类：第一类是纳入监管体系的融资性担保公司；第二类是非融资性担保公司；第三类是打着担保旗号实际上并不经营担保业务的“名义上的”担保公司。我国信用担保业发展较快，但是发展模式较为粗放，在产业运营和规模扩张期间暴露出种种问题，主要体现在产业发展规划性不强，企业数量多但是竞争实力较弱，规模也普遍较小，并且企业违规情况也多有发生。

基于以上情况，国家对于信用担保产业进行了不断的整顿和规范。随着一系列规章制度的陆续出台和各项监管工作的有序推进，融资担保行业逐步纳入规范经营的轨道，资本实力增强，业务稳步增长，总体运行平稳。《工业和信息化部办公厅关于引入政府性融资担保工具支持产业基础能力提升的通知》（工厅规〔2021〕21号）指出，为提升产业基础能力，增强企业创新发展活力，工业和信息化部拟联合国家融资担保基金，充分发挥政府性融资担保作用，引导金融资本投向工业基础领域。政府性融资担保重点支持单户1000万元及以下融资担保，融资需求较大的项目或企业，各省级担保再担保机构在合作业务结构符合国办发〔2019〕6号文件要求的前提下，给予积极支持。担保费率不高于1%。放款时，企业未被列为失信被执行人，无未结清逾期贷款和担保代偿记录。融资担保行业为支持中小微企业融资和地方经济发展发挥了重要作用。一方面，推进了实体经济的发展，为广大信用不足的企业增强信用，满足其融资需求，进而增强了这些企业的安全性和流动性；另一方面，分担了贷款方的风险，特别是减少了银行体系的风险，实现了企业、银行和担保机构的共赢。

综合而言，信用担保融资方式能够为战略性新兴产业提供信用担保，从根本上缓解了大多数战略性新兴企业处于发展初期、缺乏担保品、借贷困难的困境，为战略性新兴产业的融资拓宽了渠道，增加了企业的存活率，是能够对推进战略性新兴产业发展产生积极作用的融资方式之一。但是，目前我国信用担保机构的运营尚存在一些问题亟待解决，主要体现在：市场准入门槛较低，标准化不足，导致机构数量较多、无序竞争，使得各企业的营利能力普遍较弱。此外，违规现象较多，扰乱了正常的金融市场运行，亟待进一步规范和约束。

三、风险资本融资

风险资本是指投资于高新技术企业，为初创期中小企业注入资本和管理经验的社会资本，以追逐高风险获得高收益为主要特征。主要包括风险投资资本VC和私募股权资本PE。自世界上第一家风险投资机构——美国研究与开发公司诞生以来，风险资本在世界各地直接催生和支持了众多高新技术中小企业蓬勃发展，为推动经济的发展和科技的进步做出了重要的贡献。

与其他融资方式相比，风险资本融资具有以下显著的特征。其一，风险性高。获得风险资本的企业大多数都以破产告终。只有少数企业可以成功发展至成长期或者成熟期。其二，收益性高。虽然风险资本资助的企业破产率较高，但是只要有一家企业获得成功，那么风险投资家所获得的利润将足以弥补其余若干家破产企业为其带来的损失。其三，流动性低。风险资本在投入企业的一段时期，基本上属于“呆滞资金”，有时这段时期长达7～10年。其四，行业集中性。风险资本一般只投向于高新技术产业，例如战略性新兴产业，对于传统型产业的投资相对较少。其五，风险投资家不仅为所投资的企业提供大量的资金支持，还引入系统性的管理经验，甚至直接参与企业经营，帮助企业快速拓展市场，迅速成长。此外，风险投资一般采用多种投资工具，包括可转换债券、优先股、普通股等，并且分多步注入资金以减少风险。

我国的风险投资市场起步较晚，但是发展较快。2012 年我国风险投资各类机构已经达到 1183 家；2018 年，我国创业风险投资机构数量为 2800 家。其中创投企业数量为 1931 家，创业风险投资管理企业数量为 869 家。近几年来我国创业风险投资市场得到巨大发展，这种资本环境给我国创新创业的发展带来了巨大的机遇。2018 年中国创业风险投资累计投资金额达 4769 亿元。

在我国，VC/PE 的资金投向相对较为稳定，VC 的投资行业分布较为广泛，主要集中于生物技术 / 医疗健康、清洁技术、互联网、IT、电子及光电设备、机械制造、消费行业、娱乐传媒和电信及增值业务九个行业，这九个行业已完成的投资交易数量和金额均占当年 VC 总投资数量和金额的 70% 左右。PE 的投资行业较为集中，投资数量和金额主要分布于六个行业，包括生物技术 / 医疗健康、清洁技术、消费行业、机械制造、互联网及房地产行业。上述六个行业的历年投资占比达到 PE 总投资量的六成至八成。在所投资的行业分布上，房地产行业位列首位。此外，生物技术 / 医疗健康、互联网、电信及增值业务、清洁技术等战略性新兴产业位居第二梯队。投资地域上主要仍集中在北京、上海、江苏、广东、浙江等经济发达地区。

从发达国家的经验来看,风险资本是推动战略性新兴产业发展的重要助力之一,大力发展我国风险资本市场无论是对于支持战略性新兴产业等实体经济的成长,还是对于推动科学技术的进步都具有战略性意义。

四、知识产权质押融资

知识产权是指权利人对其所创造的智力劳动成果所享有的财产权利。知识产权质押指的是企业将其所拥有的知识产权做质押,向资金盈余方筹集资金的融资活动。知识产权质押融资是一种创新的融资方式,为战略性新兴产业进行外部融资拓展了新的融资渠道。

知识产权质押融资方式与战略性新兴产业的产业特点相吻合,能够将战略性新兴产业的优势最大限度地发挥出来,用以解决资金短缺的难题。战略性新兴产业以高新技术企业为主,发展初期一般都是以研发为主,研发成功的成果商业化、市场化之后才能够获得成功,而很多企业正是在研发成果产品化的初期因资金缺乏而遗憾地以失败告终,如果能够将这些知识技术作为质押去融资,也许就能够度过困境。

从我国当前的情况来看,战略性新兴产业进行知识产权质押融资具有一定的可行性。自我国实施科技兴国战略以来,我国知识产权创造热潮涌现,包括战略性新兴产业在内的各种发明专利的申请量和受理量都大幅度上升。2020 年 1 月,我国发明专利申请 16.5 万件,发明专利授权 2.8 万件。截至 2020 年 1 月底,我国发明专利有效量为 269.0 万件,其中,国内(不含港澳台)发明专利有效量 187.9 万件,每万人口发明专利拥有量达到 13.4 件。其中,国内发明专利授权最多的地区为广东、北京、浙江。此外,全国各地的专利受理量和专利授权量都有不同程度的增长。

由此可见,我国战略性新兴产业采用知识产权质押融资模式具有一定的可操作基础。近年来,在我国的 28 个地区也先后进行了知识产权质押融资试点工作。2020 年,全国专利、商标质押融资总额达到 2180 亿元，同比增长 43.9%，金融“活水”流向创新高地。浙江省 2020 年专利质押融资金额达 401.07 亿元，同比增长 132.29%，位居全国第一。尽管我国战略性新兴产业也拥有大量的知识产权，但是知识产权质押融资模式并没有在战略性新兴产业中被广泛地采用，究其原因，主要有以下几点：其一，许多战略性新兴企业并未对知识产权质押融资模式有足够的了解和信任；其二，在一些中小企业中专业的技术人员缺乏；其三，我国知识产权质押融资方面的立法尚不健全；其四，知识产权质押融资的价值评估方面不容易确定；其五，战略性新兴产业知识产权自我保护意识较差。

以上种种原因都使得知识产权质押融资这种创新型融资模式并未在我国战略性新兴产业的融资体系中得以更多的应用。而对于战略性新兴产业而言，关注知识产权质押融资方式不仅能够拓展融资渠道，更重要的是能够增强企业的创新意识，并增强其对自身知识产权的保护意识，提高企业在市场中的核心竞争力和生存能力。

五、资产证券化融资

资产证券化是新兴的融资模式之一。美国证券交易委员会（SEC）将资产证券化定义为：企业将不流通的存量资产或可预见的未来收入通过特设机构（Special Purpose Vehicle，SPV）构造和转换为资本市场可获得销售和流通的金融产品即证券的过程。

对于战略性新兴产业而言，资产证券化具有一定的可行性，战略性新兴产业在初期的研发成果、技术、专利版权、商标权等都可以作为知识产权证券化的资产，由于战略性新兴产业拥有大批优秀的科研人才和高端装备，其产生的知识产权在未来一段时间内能够为企业带来稳定的收入，因此，这些知识产权能够汇聚成一个资产池进行证券化。此外，在战略性新兴产业中的企业发展一段时间之后就可能汇聚一定规模的应收账款，这些应收账款也可以成为证券化的基础。

我国资产证券化行业经历了试点、停滞、复苏和常态化发展阶段，目前已步入“规范发展期”。2020 年上半年，我国资产证券化产品的发行规模中，信贷 ABS 产品、企业 ABS 产品和 ABN 产品的发行规模分别为 2077 亿元、5609 亿元和 1676 亿元。其中，除信贷 ABS 产品以外，其余两类产品的发行规模均实现了正增长。主要受疫情影响，2020 年第一季度个人房贷、信用卡贷款、消费贷款等银行信贷资产生成速度下降，导致存量资产出表需求不足，信贷 ABS 发行明显放缓。

资产证券化重启意味着市场对于资产证券化的重新认可和需要。宏观上，资产证券化可以拓宽融资渠道，提高社会资金使用效率，缓解产业升级中的资金短缺困境，优化资本市场结构，推动我国投融资机制改革向前发展。微观上，资产证券化可以拓展企业的融资渠道，降低企业因资金短缺而破产的概率，分散风险。

然而，不可否认的是，在我国的资产证券化发展过程中仍存在一些问题亟待解决和完善，最明显的就是监管体制不健全。这些问题的存在都在一定程度上影响资产证券化市场的发展。

第三节 传统融资模式与创新融资模式对比分析

纵观发达国家战略性新兴产业的发展历史，从某种角度上来说，战略性新兴产业成长和发展的每一步都与融资机制息息相关。究其原因，是由于战略性新兴产业是国家的支柱型产业，属于高投入、高回报的产业，为保证产业的核心竞争力和持续的科技创新能力，需要大量的资本不间断地给予支持，才能推进战略性新兴产业的蓬勃发展。而我国九大战略性新兴产业分属于不同的产业类型，发展进度并不一致，各产业所面临的市场风险、技术风险等大相径庭，如何选择合适的融资方式以支持战略性新兴产业的健康成长是一项重要的议题。

一、投资主体

一般而言，传统型融资模式的投资主体较为单一，能够提供的资金数量较为有限。内部留存收益的投融资主体统一，都是企业自身。对于成熟期的企业来说,内部留存收益可以是一种很好的融资渠道,不仅能够解决企业的资金缺乏问题,还能够减轻企业的财务负担,为企业的外源融资做铺垫。但是,战略性新兴产业中大部分企业的规模并不大,内源融资的可能性和数量都相对较少。因此,内源融资方式仍不能成为企业的首要资金来源。

银行间接融资的投资主体是银行体系,虽然我国的银行体系相对来说比较健全,但是由于银行体系在金融体系中的重要地位,加之银行体系的运营一直将“安全性”奉为第一位,置于“营利性”之上,因此,银行体系的借贷有着严格的审核机制。这就使得战略性新兴产业从银行体系融资较为困难,特别是战略性新兴产业中的中小微企业。但是,由于国家政策对于小微企业有所倾斜,近年来,我国小微企业的贷款额呈现出稳步上升的态势。

根据发达国家战略性新兴产业的发展经验可知,健全发达的资本市场是战略性新兴产业能够健康成长的重要保证。相对于资本市场直接融资而言,商业信用融资的主体范围较窄,仅限于企业的业务往来企业,而商业信用融资还需要企业之间建立良好的互助关系和信任关系才能够使用,并非长期大量融资的最佳选择。国家的扶持基金和财政支持也是一样,由于国家的财政资金有限,能够提供给战略性新兴产业的资金有限,因此,这种模式只能起到引导作用。

创新型融资模式涉及的主体相对较多,创新型融资模式的特点之一就是能够在更大范围内筹集资金,包括金融租赁、风险资本、资产证券化在内的许多创新型融资模式都是以充分的利用资本市场为手段,利用资本市场平台和信息化技术,在更多的潜在投资者中寻找优质资金来源,以达到筹资的目的。特别是资产证券化,将企业的收益性资产打包发行证券,拓展融资广度,达到缓解资金短缺困境的目的。

二、准入门槛

从战略性新兴产业融资现状来看,战略性新兴产业中的许多企业面临融资困难的主要原因是融资的准入门槛较高。与创新型融资模式相比而言,传统型的融资模式的准入门槛较高。

对于银行体系而言,企业贷款的准入门槛较高。中国工商银行营运资金贷款的申报条件为:“符合国家产业政策和我行信贷政策;借款人属我行优质客户,主业突出,经营稳定,财务状况良好,流动性及盈利能力较强;在银行融资无不良信用记录;符合我行要求的其他条件。”固定资产支持融资的申办条件为:“申办固定资产支持融资业务的借款人信用等级及所有者权益应符合我行规定;借款人经营及财务状况较好,在银行融资无不良信用记录;经营特定资产符合国家有关规定及我行要求。”

目前,我国资本市场的准入门槛对于处在初创期的战略性新兴企业来说也相对较高。而创新型融资模式的准入门槛就相对较低。最典型的是风险资本。风险资本是追逐高风险高收益的闲置资本,专门针对高新技术产业中的中小企业进行资金支持。风险资本的投资方一般对于融资企业的财务状况等没有硬性的指标要求,只是对企业的成长性和管理团队进行综合性的考核和评估,只要风险投资家认可该企业的经营理念和运作团队,就会对这个企业分阶段注入资金。

三、融资规模

我国传统型的融资模式的融资规模仍相对较高,创新型融资模式融资规模较小。自科创板率先试点注册制以来,已有近 100 家企业通过注册制登陆我国资本市场,募集资金超过 1100 亿元,资本市场对创新型企业的包容性得到显著提升。截至 2020 年 4 月,创业板市场共有上市公司超过 800 家,上市公司总市值约 7 万亿元,占 A 股总市值比重超过 10%,其中超过九成企业为高新技术企业,七成以上属于战略性新兴产业,迈瑞医疗、宁德时代、爱尔眼科、智飞生物、乐普医疗等一批标杆性企业涌现。

资本市场对于战略性新兴产业的支持也在加强。就资本市场创业板而言,上市公司的数目、上市证券数目、总发行股本以及成交笔数等指标都较以往有稳步上升的趋势。创新型融资模式就现状而言,融资规模尚小。例如,我国风险资本市场发展尚不完善,因此,融资规模也相对较小。

四、操作流程

传统融资模式的操作流程较为规范，并且相对复杂。例如，银行间接融资方式一般需要企业首先提出申请，再经过一系列的审批，最终发放贷款。

以中国工商银行的“网贷通”业务为例，“网贷通”业务贷款额度上限为3000万元。业务流程见图4-13。

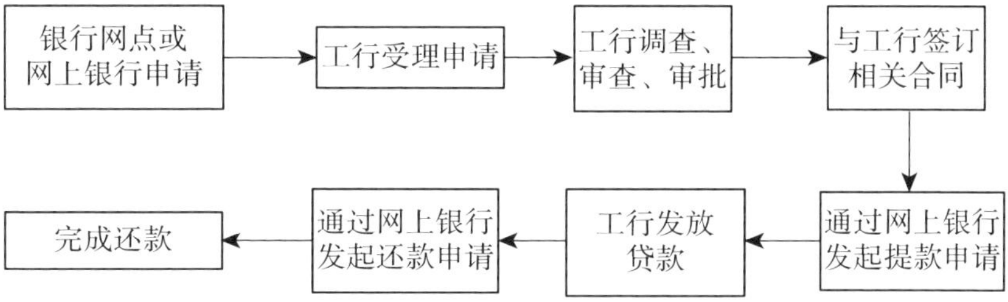

图4-13 网贷通业务流程

新型的融资模式操作流程也并不简单，但操作流程中时常存在一些不规范的地方。金融租赁融资模式的操作流程主要分为三个阶段：第一阶段属于前期筹备阶段，包括租赁立项、尽职调查和方案制订；第二阶段是金融租赁实施阶段，包括项目评审、合同签署和租赁投放；第三阶段为后期管理，包括后期维护、结项审计和档案管理等。信用担保融资的流程相对较为简单，一般包括企业提出申请、担保公司调查、出具评估报告，并根据报告进行评审，企业通过评审之后，与银行和担保公司分别签订借款合同和保证委托合同，之后，企业的运作将受到多方监督。

由于风险资本追逐高风险、高回报的特性，风险资本的投资过程更加细致缜密。风险投资企业在进行投资之前会对拟投资企业进行详尽的尽职调查，对于投资对象的筛选将分批次进行，对投资企业的财务、市场、产品研发等全面分析，以做出投资与否的决定。在确定投资企业之后，风险资本企业一般会寻找共同投资者，这样既能够增加投入资金的金额，又能够分担风险，而后，风险投资企业将做出投资计划书，分阶段对融资企业注入资金。最终，如果企业运作成功，在被投资企业上市之时风险资本功成身退。

第五章

第五章　战略性新兴产业财税政策分析

国家为加快培育和发展战略性新兴产业，促进科技投入和科技成果转化，出台了高新技术企业所得税优惠、软件和集成电路企业税收优惠、企业研发费用税前加计扣除、节能环保相关优惠等一系列企业所得税优惠政策。

国家税务总局在学习贯彻党的十九届五中全会精神时，明确要结合税收实际，按照“十二个围绕”认真抓好贯彻落实。“十二个围绕”站位高、目标明、措施实，深刻把握了党的十九届五中全会对“十四五”时期我国发展的重大战略部署，清晰展现了进一步发挥税收在国家治理中基础性、支柱性、保障性作用的具体安排，对税收工作提出了新的更高要求。

根据党的十九届五中全会精神和“十二个围绕”要求，结合实际，应把握三个关键词。一是创新。创新在我国现代化建设全局中居于核心地位。税务部门需先行先试、不断探索，研究完善支持科技创新及其他各方面创新的税收政策措施，尽快形成具有国际影响力的税收制度安排。二是实体经济。税务部门需站在改革开放最前沿，瞄准产业发展新动态，研究税收支持战略新兴产业、先进制造业、现代服务业等产业发展的政策措施，探索与数字经济等新经济新业态发展相适应的税收征管模式，助力经济体系优化升级。三是新发展格局。我国超大规模市场优势和内需潜力必将在构建新发展格局中充分激发出来，人民群众的生活品质将进一步改善。税务部门需在构建新发展格局中，在推进长三角一体化、自贸区新片区建设等国家发展战略中更好地发挥税收作用，进一步落实落细减税降费政策措施，不断提升税收治理效能，为市场主体发展壮大、为人民群众办税缴费打造一流的税收环境。

第一节 财税政策助力战略性新兴产业快速发展

一、财税政策的含义与构成

财税政策是财政政策与税收政策的简称，由于税收是财政的组成部分，因此，财税政策也可以统称为财政政策。政府支出是指整个国家中各级政府支出的总和，由具体的支出项目构成，主要可以分为政府采购和政府转移支付两类。政府采购是指政府对商品和劳务的购买，如购买军需品、机关公用品、政府雇员报酬、公共项目工程所需的支出等都属于政府采购，政府采购支出是决定国民收入大小的主要因素之一，其规模直接关系到社会总需求的增减。采购支出对整个社会总支出水平具有十分重要的调节作用。政府转移支付是指政府在社会福利保险、贫困救济和补助等方面的不需要取得对价的支出。转移支付不能算作国民收入的组成部分，它所做的仅仅是通过政府将收入在不同社会成员之间进行转移和重新分配。

政府收入方面的主要工具是税收。税收是政府收入中最主要的部分，它是国家为了实现其职能的一种手段。与政府购买支出、转移支付一样，税收同样具有乘数效应，即税收的变动对国民收入的变动具有倍增作用。当政府税收不足以弥补政府支出时，就会发行公债，使公债成为政府收入的又一组成部分。公债是政府对公众的债务，或公众对政府的债务。它不同于税收，是政府运用信用形式筹集财政资金的特殊形式，包括中央政府的债务和地方政府的债务。

二、政府采购政策与战略性新兴产业的成长

政府采购，是一种对公共采购管理的制度，是一种政府行为。政府采购政策是政府在政府采购中所指定的指导原则和大政方针。

财政部日前公布的数据显示，2019 年全国政府采购规模为 33067.0 亿元，较上年减少 2794.4 亿元。全国政府采购授予小微企业合同金额为 11922.3 亿元，占授予中小微企业合同金额的 48.6%。公务机票购买情况：全国共 37.2 万家预算单位购买公务机票 1181 万张，金额达 162.2 亿元，较上年分别增长 17.8% 和 17.6%。可见，未来我国政府采购规模还将进一步扩大，巨大的政府采购规模可以对某些产业的发展起到重要的扶持作用，国家如能在政府采购上向战略性新兴产业进行适度倾斜，必然对战略性新兴产业的发展起到重要的推动作用。

三、政府转移支付政策与战略性新兴产业的成长

转移支付是指政府或企业的一种不以购买本年的商品和劳务而作的支付，即政府或企业无偿地支付给个人或下级政府，以增加其收入和购买力的费用，它是一种收入再分配的形式。政府转移支付也称财政转移支付。财政转移支付是政府间财政运作的主要形式，它在平衡各级政府的财政支付能力，确保各地纳税人获得大体相同的公共产品以及促进地区经济发展等方面都起到了巨大的作用。在现代税收国家，财政转移支付在整个财政支出中所占的比重都在不断上升，在很多国家已经成为中央政府财政支出的主要形式。政府间财政转移支付是指各级政府之间财政资金的相互转移或财政资金在各级政府之间的再分配。

政府转移支付政策是政府在转移支付方面所采取的指导原则和大政方针。2020 年 3 月，财政部发布通知，预拨 2020 年中央对地方均衡性转移支付预算，增强地方财政保障能力。2020 年中央对地方均衡性转移支付预算 700 亿元，合计下达 16032 亿元。在 2020 年 12 月底全国财政工作视频会议上，提出 2021 年

的财政政策有十大重点，大多是针对新兴企业所设。

目前我国的财政转移支付分为一般性财政转移支付和专项财政转移支付，一般性转移支付的总体目标是缩小地区间财力差距，逐步实现基本公共服务均等化，保障国家出台的主体功能区政策顺利实施，加快形成统一、规范、透明的一般性转移支付制度；专项财政转移支付则规定了具体的用途，相关财政资金应当专款专用。战略性新兴产业的发展离不开财政转移支付政策的扶持，如果中央能在专项财政转移支付资金方面向战略性新兴产业倾斜，则可以大大推动战略性新兴产业的发展。

四、税收政策与战略性新兴产业的成长

税收政策是国家在一定历史时期，为实现一定的社会经济目标，在缺乏法律规定或者法律规定不明确之处，在税收方面所采取的行动或制定的行为准则。

政府利用税收的强制执行力，对社会经济活动进行引导，从而合理调整社会经济结构[①]。

在不同的税收政策下，国家可以对某些产业采取税收鼓励政策，从而推动这些产业的成长与发展，国家如能给予战略性新兴产业较大幅度的税收优惠政策，则可以大大促进战略性新兴产业的发展。

第二节　我国战略性新兴产业税收优惠现状

我国近年来针对新兴产业相继出台了一些如节约能源资源、绿色环保、科技研发的税收政策，包括增值税、消费税、所得税、资源税、营业税等优惠政策，同时提高“两高一资”（高能耗、高污染、资源型）产品的出口退税率。现行的税收优惠政策比较分散，经过梳理归集，主要有以下方面。

① 吴海燕．“营改增”对企业财务绩效影响——以山西JH公司为例[J]．农场经济管理，2017（09）：38-40.

一、节能、环保产业税收优惠政策

（1）环境保护、节能节水项目所得减免企业所得税。

（2）购置节能节水、环境保护和安全生产专用设备投资抵免企业所得。

（3）资源综合利用企业的税收优惠政策。

二、鼓励科研投入的税收政策

（1）固定资产加速折旧。

（2）研究开发费加计扣除。

（3）符合条件的技术转让所得减免所得税。

三、鼓励企业发展的税收优惠政策

（1）高新技术企业。

（2）技术先进型企业。

（3）软件企业。

（4）集成电路企业。

（5）动漫企业。

四、现行新兴产业税收优惠政策的局限性

（1）增值税和企业所得税政策中对资源综合利用比例标准不一。目前，针对资源综合利用企业，两种税制定的标准不一，有即征即退的，有对综合利用比例设置要求的，所得税的比例为70%，增值税只需30%。建议统一标准，以此促进循环经济的发展。

（2）技术先进型服务企业认定标准不够合理。跨国公司设在中国境内的研发中心或生产基地越来越多，且从事技术服务外包的公司通过跨国公司在中国境内的研发中心或生产基地签订服务合同，虽然这些企业从技术创新能力和技术服务能力上具备技术先进型服务企业认定条件，其所提供的合同也是与国外知名的跨国公司签订的，但由于无法达到与境外客户签订服务外包业

务收入不低于当年总收入的 50% 的指标，无法享受优惠政策。

（3）企业为开发新技术、新产品、新工艺发生的研究开发项目的认定处理弹性较大。按照国家税务总局下发的《企业研究开发费用税前扣除管理办法（试行）》的规定，主管税务机关对企业申报的研究开发项目有异议的，可要求企业提供政府科技部门的鉴定意见书，企业在取得相关部门鉴定意见后，主管税务机关仍有异议的如何处理弹性较大。

（4）所得税方面：一是企业研发费用加计扣除的力度不够；二是环境保护、节能节水税收优惠政策不够完善；三是购置专用设备投资抵免税额的优惠目录不够全面（见表 5-1）。

表 5-1　战略性新兴产业现行税收优惠政策简介

优惠方式	优惠项目	具体政策
直接优惠	税率（t）优惠	国家认定的重点扶持的高新技术企业、技术先进型服务企业，可减按 15% 的税率征收企业所得税
		对小型微利企业按 20% 的税率缴纳企业所得税
		国家规划布局内重点软件企业减按 10% 税率征收企业所得税
	应纳税所得额减免	对小型微利企业年应纳税所得额不超过 100 万元的部分，减按 25% 计入应纳税所得额；对年应纳税所得额超过 100 万元但不超过 300 万元的部分，减按 50% 计入应纳税所得额
		创业投资企业采取股权投资方式投资于未上市的中小高新技术企业 2 年以上的，可以按照其投资额的 70% 在股权持有满 2 年的当年抵扣该创业投资企业的应纳税所得额；当年不足抵扣的，可以在以后纳税年度结转抵扣
	应纳税额减免	依法成立且符合条件的软件企业，在 2018 年 12 月 31 日前自获利年度起计算优惠期，第一年至第二年免征企业所得税，第三年至第五年按照 25% 的法定税率减半征收企业所得税，并享受至期满为止
		一个纳税年度内，居民企业技术转让所得不超过 500 万元的部分，免征企业所得税；超过 500 万元的部分，减半征收企业所得税

续表

优惠方式	优惠项目	具体政策
直接优惠	应纳税额减免	购置并实际使用列入《环境保护专用设备企业所得税优惠目录》、《节能节水专用设备企业所得税优惠目录》和《安全生产专用设备企业所得税优惠目录》范围内的环境保护、节能节水和安全生产专用设备，可以按专用设备投资额的10%抵免当年企业所得税应纳税额；当年不足抵免的可以在以后5个纳税年度结转
间接优惠	加计扣除	2018年1月1日至2020年12月31日期间，企业开展研发活动中实际发生的研发费用，未形成无形资产计入当期损益的，在按规定据实扣除的基础上，按照实际发生额的75%在税前加计扣除；形成无形资产的，按照无形资产成本的175%在税前摊销
	加速折旧	企业2014年1月1日后新购进的专门用于研发的仪器、设备，单位价值不超过100万元的，允许一次性计入当期成本费用在计算应纳税所得额时扣除，不再分年度计算折旧；单位价值超过100万元的，可缩短折旧年限或采取加速折旧的方法。缩短折旧年限的，最低折旧年限不得低于企业所得税法实施条例第六十条规定折旧年限的60%；采取加速折旧方法的，可采取双倍余额递减法或者年数总和法
		生物药品制造业，专用设备制造业，铁路、船舶、航空航天和其他运输设备制造业，计算机、通信和其他电子设备制造业，仪器仪表制造业，信息传输、软件和信息技术服务业等六个行业的企业2014年1月1日后新购进的固定资产，可缩短折旧年限或采取加速折旧的方法
	收入减计	符合条件的软件企业按照规定取得的即征即退增值税款，由企业专项用于软件产品研发和扩大再生产并单独进行核算，可以作为不征税收；在计算应纳税所得额时从收入总额中减除
		企业以《资源综合利用企业所得税优惠目录》中所列资源为主要原材料，生产目录内符合国家或行业相关标准的产品取得的收入，在计算应纳税所得额时，减按90%计入当年收入总额

第三节　战略性新兴产业税收优惠问题分析

一、税收优惠政策精准性和有效性不足

（一）战略性新兴产业的税收优惠政策缺少针对性

我国税收政策在不断地进行完善，但从调研中发现，我国很少有对战略性新兴产业的税收优惠办法出台，近年来财政部对新兴产业税收优惠的政策具有明显的滞后性，税收优惠政策大多是为高科技企业制定的，这不符合新兴产业的实际税优惠需求。

首先，战略性新兴产业具有很强的外部效应特征。战略性新兴产业的发展与整个国民经济的发展有关。就目前实施的税中，缺乏专门针对战略性新兴产业的税收优惠政策，相关政策缺位导致对企业的激励不佳。

其次，战略性新兴产业具有“高风险性”的特征，这些企业创新技术能力强，但没有可抵押的资产，在发展初期需要大量的资金投入，只有支出没有收入，需要税收优惠等政策手段进行弥补，引导社会资源，减少创新风险。但从目前的优惠税种看，集中在企业所得税种，并且集中于研发投入环节。要想享受这些优惠，这些企业要么处于成熟期有利润，要么必须有明确研发方向，并且有大量的研发资金。但实际上，企业根本没有大量资金进行研发，更谈不上带丰厚的收益。

最后，战略性新兴产业重新细分了九大产业，但现行税收优惠政策并没有区分不同产业的特质和需求，过于笼统。例如，航空业和数字创意产业不可能有同样的税收优惠需求，这样粗略的优惠支持政策对企业不仅没起到激励效果，可能还会导致产业之间发展失衡，最终影响战略性新兴产业整体的健康发展。

（二）战略性新兴产业的税收优惠政策单一

税收优惠政策单一，一方面体现在优惠主要针对创投企业，而且要求科技人员的比例，还有的要求居民企业技术转让所得不超过500万元的部分，免征企业所得税，优惠力度不大。另一方面体现在税收优惠方式上。目前战略性新兴产业税收优惠大多集中于企业所得税，流转税、个人所得税方面较少，税收优惠政策单一削弱了企业的创新动力。再者，战略性新兴产业无形资产占比高，是一种高附加值的活动，这使得其产品消耗资源少，进项税抵扣少，流转税税负进一步加重。

税收优惠方式对企业的研发加计扣除项目界定、先征后退等的计算和申报都很烦琐，抵扣周期较长，影响了企业的创新产品转化过程，而且对直接和间接优惠分配不均，不能很好促进战略性新兴产业高质量发展。

创新企业在初创期资金最为缺乏，最希望能从税收优惠政策中得到帮助，而我国的税收优惠方式的单一性使得企业在初创期很难前行，很多企业因为创新成果向生产力转化在现行税收优惠政策中的缺失而退出这个行业。由于没有前期开发、设计、研究阶段的优惠，企业自主创新能力差，就会大量依赖进口，使用别人的基础核心技术，企业发展缺少技术支撑。对于研发最后环节的成果转化激励不足，使得创新成果转化率低，没能让创新发挥出真正的经济效益。

二、税收优惠政策法律地位低

我国税收优惠政策立法层级低，重要的优惠政策一般以法律或行政法律进行立法，而战略性新兴产业的税收优惠政策仅以暂行条例、通知和公告等方式实现，这样低层级的立法缺乏权威和稳定性，并且政策变动也比较频繁，不利于战略性新兴产业的良性发展[①]。

① 吴海燕.创新创业实践教育与课程体系融合机制研究[J].山西大同大学学报，2021（4）：201-206.

另外，有些地方政府为了实现政绩，随意出台一些措施来发展战略性新兴产业、吸引投资，虽可能暂时缓解了新兴产业融资难的问题，但不利于新兴产业的长期发展。而且地方政府出台的这些财税优惠政策也加剧了地方以及战略性新兴产业发展的不平衡，同样不利于战略性新兴产业的研发创新，使企业的运营难度增加。

三、税收管理水平低

由于税收执法人员的素质参差不齐及税收机制的缺失，造成的税收管理水平低下，税收优惠政策不能很好地落地，或者对实施效果不能掌握，不利于政策的调整和接下来税收政策的制定。

税务人员税收专业知识储备不足，不能快速、主动学习不断更新的税收优惠政策，直接影响了政策落地效果，或者弱化了执行效果。部分地区执法人员不了解当地政策，不能结合实际情况灵活处理。这些行为都弱化了税收优惠政策对战略性新兴产业的激励效果。

另外，对战略性新兴产业中特定行业出台的优惠政策，缺乏必要的绩效评价机制。评价机制的缺乏，一是没有起到激励企业研发创新的动力，二是无法反馈到企业得到税收优惠后的实际支持效果，政策落地效果不理想。

四、具体税制结构问题

现行相关税收政策对支持战略性新兴产业的发展起到了一定的促进作用，但是通过对现行相关税收政策的全面梳理和政策应用执行情况的深入调研发现，在政策制定及其执行过程中，存在设计缺陷和需要完善的部分，主要有以下几点。

（一）增值税税制结构问题

（1）战略性企业的特点就是无形资产的比重占产品成本的绝大部分，而无形资产不能抵减进项税额，同时购进的专利权和非专利技术等属于抵扣范围，加重了企业的增值税负担。

（2）增值税最大的特点就是凭票抵扣制度，但是战略性新兴产业的研究开发费用、技术转让费、专利权和非专利技术等无形资产支出以及科技咨询费用支出，不能开具增值税发票，企业的这些项目支出不能进行抵扣。

（3）新产品上市需要大量的宣传广告费用，特别是生物医药行业，广告费用由于税制的原因不能抵扣进项税额，更不能像一般企业（烟酒）享受加计抵扣，因此，现行增值税政策导致新能源汽车、生物、新材料等新兴产业增值税负担较重，在一定程度上挫伤了企业技术创新投入的积极性。

（二）企业所得税优惠政策内容和设定问题

（1）税收优惠政策的前置条件不合理，造成政策执行时会出现一些弊病。比如环境保护、节能节水项目企业所得税三免三减半。前提条件必须是2008年以后投资新建的。这使得之前时间段的环境保护、节能节水项目无法享受优惠政策。还有要求享受政策的主体必须是自建、自行运营。而节水项目污水处理厂运营的模式是由政府投资建设，资产属于政府，建成后委托给企业管理运营，企业只提供营运服务，不能享受优惠政策。这样的优惠政策设置导致部分符合新兴产业发展的项目被排斥在政策之外。

（2）高新技术企业认定缺陷，导致出现优惠政策被滥用的现象。高新技术企业所得税优惠税率为15%，优惠政策内容单一，仅有低税率优惠一项，未能形成多税种相互配套的政策体系。一些企业为了逃避税负，以非法手段通过高新技术企业认定来享受税收优惠。只要取得高新技术企业认定证书，就可以“名正言顺”享受政策。

（3）不同行业税收优惠政策差异没有体现。符合条件的小型微利企业实行20%的优惠税率，企业安置残疾人员所支付的工资加计100%扣除，安置特定人员（如下岗、待业、专业人员等）就业支付的工资也给予一定的加计扣除，资源综合利用企业的收入总额减计10%，技术先进性服务型企业所得税税率为15%，教育经费税前扣除比例为 8%。同时，技术先进性服务企业中有许多软件外包类企业的税收优惠与 15% 的优惠税率存在重叠，但新法规定此类税率优惠、扣除比例不得叠加使用，造成软件外包类企业对技术先进型服务企业认定缺乏积极性，形成技术先进性服务企业税收优惠形同虚设。

（4）鼓励研发投入、支持科技创新的税收优惠政策力度不够。职工教育经费提取比例仅为 2.5%（一般企业），经认定的技术先进型服务企业职工教育经费提取比例为工资薪金总额 8%；对于一般性企业可能够用，但对技术要求高、知识更新快的战略性新兴产业而言，企业的核心竞争力在于人才的培养，8% 的扣除比例却远远不能满足其对科技人才培养和员工培训的需要。

（5）技术转让政策内容不确定，让企业"有机可乘"。前面所述的企业技术转让所得不超过 500 万元的部分，免征企业所得税，超过部分减半征收企业所得税。由于免征额高，且法律没有明确技术转让是一项或多项，因此企业为逃避税负，就采用拆分合同分年度计算转让收益进行避税。如某企业技术转让所得额为 1000 万元（企业所得税税率 25%），按规定，当年应纳企业所得税 =（1000−500）× 25% × 50%=62.5 万元。如企业拆分合同，分年度确认收入计算，且两年技术转让所得额分别按 500 万元计入，那该企业两年均享受税收优惠政策，应纳企业所得税额为 0 元，企业实现"节税" 62.5 万元。

（三）税收优惠资质管理问题

（1）资格确认缺少权威部门"把关"。对高新技术企业资格认证，2008 年颁布了新的管理办法，宗旨是提高标准，认定一批具有核心自主知识产权的高科技企业，给予税收优惠。但是某些部门由于指标、任务原因，加之实际认定中各部门之间的分工有余而合作不足，都是依据职责按相关标准打分来评判，以分数为准，没有权威部门进行"一票否决"，难免会出现一些"伪高新"企业。

（2）税收优惠认定标准存在问题，认定标准"僵化"。由于认定标准是依据高新产品收入等相关内容进行设定，造成部分“伪高企”（不具备科技创新能力）。企业根据标准购买专利、申请外观设计专利等，创造条件去满足认定要求。结果是享受政策的企业生产经营活动与申请的专利、科技项目无关，其收益也不是由所申请的专利带来的收益。

（3）目的和要求，优惠对象应定位于科技活动过程和科研成果，对项目、研究开发环节优惠，激励具有实质意义的科技创新行为。

（四）税收征管上存在的问题

（1）税收优惠项目涉及专业性知识较强，认定、鉴定难度大，影响政策执行。现行税收优惠政策不少项目是由国家行业主管部门发布优惠目录，再由税务主管部门对照目录确认是否可以享受优惠。实践中由于税务人员对设备名称、指标和功能等专业性术语不了解，只能从字面上去对应，审核的准确度难以把握。

（2）优惠政策强调事前认定，忽视后续管理。税务部门政策管理理念落后，在企业享受税收优惠政策的过程中，只关注企业是否具备减免条件，而忽视企业减免税的后续管理。一些新兴企业在获得企业所得税减免税额后，任意处置减免税额，更有甚者直接将减免税款进行分配，完全违背了减免税政策的目的和意义。

第六章

第六章　战略性新兴产业金融支持结构体系分析

第一节　金融支持理论

金融要为实体经济服务，满足经济社会发展和人民群众需要。目前在新冠肺炎疫情全球大流行的形势下，经济社会的运转受到了巨大影响和冲击，金融手段和金融支持如何加强对战略性新兴产业的扶持是世界各国面临的一个新考验。针对这个问题，许多专家、学者提出了自己的建议。张立光教授强调在金融支持的同时应关注金融风险的叠加效应和财政、金融政策的有效配合；徐旭光教授指出金融机构应多措并举，和新兴企业共患难共成长；彭红枫教授强调应建立大数据平台对疫情下的新兴企业经营和政策实施效果进行动态监控。不管运用什么策略，金融活，经济活；金融稳，经济稳；经济兴，金融兴；经济强，金融强。

现行监管框架存在着不适应我国金融业发展的体制性矛盾，必须通过改革保障金融安全，防范系统性风险；要深化对国际国内金融形势的认识，正确把握金融本质，深化金融供给侧结构性改革，精准有效处置重点领域风险，增强金融服务实体经济能力，有效保障实体经济发展。通俗地讲,金融是通过市场的力量来实现金融资源的优化配置,财政是通过政府的力量来实现社会资源的优化配置。但也存在市场失灵的几个领域,比如三农、小微企业、公共服务领域的金融服务,这都需要国家财政出手干预。所谓政府干预是指政府要引导,不能主导,通过弥补缺口,通过制度设计,对金融机构的经营行为进行激励和引导来提高资源配置的效果。

金融开放对金融波动上升作用明显,外资银行将会对国内股份制银行形成较大竞争[①]。当前全球经济受到新冠肺炎疫情冲击,逆全球化思潮有所抬头,但我国对外开放的大门不但不会关上,而且会越开越大。对我国银行业来讲,必须坚持以市场需求为导向,积极开发个性化、差异化、定制化金融产品,改进战略性新兴企业的金融服务。商业银行数字化转型必须启动,金融科技已成为服务民营经济的重要力量,我国应尽快通过法律法规建立数字化信贷平台。金融科技产业规模迅速增长,成交数及投资额均呈快速发展态势,细分领域轮动发展,后续发展持续获得支撑,全球布局也越来越广。主要细分领域包括互联网和移动支付、网络融资、区块链、智能金融理财服务。截至目前统计的结果,我国的金融科技规模在全球排在第一位。

高规模也孕育着高风险,金融科技所包含的金融固有风险更为复杂和隐蔽,潜在的系统性和周期性风险更加复杂。这都需要我国能提供有效合理的监管措施,以保障金融科技的健康发展。要统筹金融管理资源,加强基层金融监管力量,强化地方监管责任,并对造成重大风险的责任人追责。要培养、选拔、打造一支政治过硬、作风优良、精通金融工作的干部队伍。

一、降低交易费用

交易成本理论是由诺贝尔经济学奖得主科斯提出的,他认为企业存在的奥秘就在于它能节约交易费用。交易成本是“通过价格机制组织生产的最明显的成本,就是所有发现相对价格的成

① 吴海燕.股权资金供给增长视角下的PPP股权投资研究[J].产经评论,2021(10):54-59.

本”“市场上发生的每一笔交易的谈判和签约的费用”及利用价格机制存在的其他方面的成本。生产过程总包含一系列交易活动，例如签订合约、收集和加工相关信息仅供个人科研教学使用以及监督履约等。在一个非阿罗—德布鲁经济中，这些交易活动是有成本，科斯将此定文为交易费用。生产活动之所以由企业来组织实施，是因为其组织成本低于由市场交易直接来完成所需的交易费用，从而企业将把其规模控制在其边际组织成本等于市场的边际交易费用这一点上。显然，金融中介也是企业，科斯的交易费用学说也适用于它。因此，降低经济资源跨期配置过程中的交易费用，就成了金融经学家们解释金融中介存在与发展原因的最初直觉。

考虑一个个体直接贷款和银行贷款对比的例子。个体当然可以直接向借款人放贷。在这种活动中，如果他不想将借贷变成施舍，就必须收集与加工借款人相关信息，与借款人签订合约，追踪与监督借款人履约。换句话说，他必须付出一定的交易费用。当这种交易费用较大时，一些贷款将因为收益太差而无法进行。例如，他准备贷出 10 万元，交易费用需要花 5000 元，如果他不贷款而去购买国债的话，每年可获得 4% 的利息收入，这样，如果贷款的回报率低于 9% 的话，他肯定不愿意放贷。实际上，9% 的回报率也不能令他满意，因为贷款的风险大，不像买国债那样几乎没有风险，所以，他会要求风险补偿。回报率必须达到 12% 或 15% 甚至更高，他才愿意贷款，那些回报率稍低的项目，将无法获得贷款。这也解释了民间金融为什么利率很高以及只有高回报项目才能获得民间金融的支持。

当经济体系中有很多个体都这样直接放贷时，其总的交易费用将十分惊人。对比之下，由银行完成这样的贷款工作，将有显著的优势。银行能够通过规模经济和专门技术来降低交易费用（格利和肖，1960）。由银行面对大量的借款人，它就获得了规模经济的好处。由于借贷的交易活动带有一定的重复性，其平均成本必然大幅下降。例如，一份规范的贷款合同一经拟定，银行就可以反复使用。规模经济还使银行有动力雇佣专业技术人员，开发专门的交易技术，以进一步地降低交易费用（本斯顿和史密斯，1976）。

当然，由金融中介积聚个体的资金去完成他们原本直接实施的贷款活动，它就扮演了这些个体贷款人的代理人角色。根据信息经济学理论，在个体贷款人和金融中介之间就存在委托—代理关系和信息不对称问题。金融中介有足够的动机隐瞒贷款的真实收益率，从而只给那些原本要直接放贷的个体一个较低的存款利率，这就产生了代理成本。根据受派监督模型（戴蒙德，1984），即使考虑到这种代理成本，金融中介仍然具有节约交易费用的规模优势。

由于降低了平均交易费用，原先因收益率较低而无法进行的许多借贷活动现在也可以实施了。专门的交易技术还使银行能够根据特定的客户和特定的需要来定制合约。这些都提高了融资活动的覆盖程度，扩展了生产可能性边界。这样，银行就在节约交易费用和提高融资水平两个方面改进了资源配置的状况，提高了经济体系的效率。

以上的讨论主要是针对间接融资中的金融中介而言的。在直接融资的情况下，交易费用主要表现为交易成本（Trading cost）和信息成本（Information cost）。交易成本主要指投资人在金融市场中从事各种交易的佣金支出，信息成本则是指投资人收集、了解与加工各种金融市场资讯的支出。在现代电子技术支持下的金融市场交易中，完成不同资金规模的交易活动，其实际花费几乎没有什么差别。因此，大额交易的平均成本就较低，而小额交易的平均成本就高，由某种金融中介譬如基金公司去代替投资人完成其交易活动，也就有了节约交易成本的优势。在信息成本方面，这种代替更带来了大大的节约，因为在直接投资金融市场的情况下，不同的投资者在收集、了解与加工市场资讯方面的工作是不能互相替代的，每个人都要这样做，也都有相应的付出。考虑到投资人队伍很庞大，信息成本加总起来就极为庞大。而由金融中介代替投资人进行交易后，这样的工作就可以交由一个专家团队去完成，从而大大减少了重复工作。

将投资人的资金积聚起来组成一个基金，还扩展了投资人的投资机会。受资金规模的限制，小额投资人原来难以投资那些高门槛股票，现在则可以通过基金去投资。比如作为巴菲特旗舰的伯克哈撒维公司，股价曾长期盘踞在 10 万美元以上，购买 1 股就需要 10 万美元，这对许多投资人来说都是可望而不可即的。但是，通过基金去投资它则并不是难事。

无论是节约交易成本、信息成本还是扩展了投资机会，都有助于经济资源配置状态的改善，从而提升经济体系的效率。不过，随着信息技术的不断发展和全球金融市场的不断完善，交易成本和信息成本逐步下降，特别是交易成本，较以前大大降低。此时，参与成本（Participating cost）却与日俱增。

参与成本指的是投资人学习有效利用市场并逐日盯市的花费。理性决策的一个前提条件就是必须有完备的知识。在完美市场中，投资人被假定具备这样的知识。但是，离开了完美市场，投资人要获得这样的知识，则必须付出学习成本，即他要通过学习或各种培训，去掌握各种金融工具的一般知识，了解许多复杂的专业术语的含义等，才能有效地利用金融市场进行交易。他还要日复一日监测市场，才能管理好自己的投资组合。

可见，从本质上讲，参与成本也属于交易费用的范畴。只不过在金融形态较简单的阶段，参与成本较低，没有受到特别的关注。在金融体系发展的早期阶段，商业银行一般占据主导地位，其存款账户对普通大众来讲，很容易弄明白，因此，参与成本很低。此后，资本市场得到发展，金融工具开始多样化和复杂化，参与成本也随之提高。到了当代，衍生品市场出现爆炸式发展，这些衍生工具即便对于专业人士，也不是轻易就能掌握的，更别说一般投资人了，所以，参与成本急剧上升，以至于没人能够不正视它。而且，随着经济发展水平的不断提高，个人的时间价值在不断增大。这也意味着用同样的时间参与到市场交易中，其机会成本在不断增大，从而加剧了参与成本的上升。

总体来看，在完善的市场中，投资人可以无成本地参与交易，这样的市场实际上是一个完全参与（Full-participation）市场。在稍微现实点的世界中，参与市场交易都是有成本的。也就是说，其中的市场只能是一个有限参与（Limited participation）的市场。伴随着参与成本的上升，投资人要想直接参与市场则只能投资有限数目的资产，或者持有那些参与成本低的资产，例如债券。实证研究表明，大多数投资人持有股票的数量只有一两只，超过10只的很少，这与经典的投资组合理论是相悖的。而在复杂的衍生品市场，例如互换市场，参与者几乎都是大型金融机构。这表明金融中介确实从节约参与成本中获得了新动力。在交易成本和信息成本都大幅下降后，参与成本也就在一定程度上解释了金融中介为何还能老树发出新芽且常青下去。

二、生产并扩散信息，减少信息不对称

理性经济人的最优化行为需要以掌握完备的信息为基础。不完备信息至少有两种情形：一种是信息缺乏，另一种是信息存在不对称性。因此，一个经济体系要想达到一般均衡，首先要拥有有效的信息生产和扩散机制，其次要有克服信息不对称机制。

金融市场具有较高的公开性和透明性。三类在上交所市场有重要影响的公司，强制要求披露社会责任报告，对其他公司采取鼓励披露原则。一个有道德底线、愿意承担社会责任的公司，同样会是一家更诚信、更愿意对股东负责并具有长期发展潜力的公司，也是投资者愿意付诸风险投资的公司。表 6-1 是上市公司信息披露法律框架体系。

表 6-1　上市公司信息披露法律框架

框架层次	备注	主要法律及相关文件列举
基本法律	由全国人大或者常务委员会通过的国家基本法律中有相关规定的条款	证券法 公司法 会计法
行政法规	由国务院令形式发布的相关条例、规定和办法	股票发行与交易管理暂行条例 股份有限公司境内上市外资股的规定 可转换债券管理暂行办法
部门规章	主要包括中国证监会、财政部或者其他国务院各部委制定的适用于上市公司信息披露的制度规范和说明	公开发行股票公司信息披露的内容与格式准则
自律规则	主要包括证券交易所制定的相关规定和办法	上市公司信息披露工作核查办法

与金融市场相比，金融中介的公开性和透明度较差，而且信息不容易传播和扩散。但是，在克服信息不对称问题上，金融中介相对于金融市场则更具有优势。

与完美市场中经济人掌握完备的信息假定不同，在任何现

实世界中，贷款人和借款人之间都存在信息不对称，贷款人难以掌握借款人资金使用的真实情况，从而处于信息劣势地位。信息不对称可衍生出两大问题，一个是事先的逆向选择（Adverse selection），另一个是事后的道德风险（Moral hazard）。

先考虑前述个体直接放贷的情况，他可能会面对多个甚至许多借款人，究竟贷给谁呢？如果他能掌握每个借款人投资的实际情况，那么这个决策很简单，他会向考虑到风险补偿后带来回报最高的借款人放贷。但是，在信息不对称的情况下，事情就很不一样了。那些不能带来与风险相称回报的人，甚至纯粹的骗子，争取贷款通常最积极，喊出的名义回报也通常最高。贷款人对此是难以完全分辨的，结果就会导致逆向选择，那些对贷款最有可能造成不利（Adverse）后果的借款人，最有可能得到贷款。贷款人随后会从这种失败中吸取教训，提高贷款回报的要求，如此则使得一部分优质借款人因难以接受贷款条件而退出竞争，剩余的高风险借款人则进一步加大了贷款的风险。这样循环下去，直接借贷市场将趋于崩溃，贷款人最后会选择不发放任何贷款。

不仅如此，在借贷行为发生后，贷款人还得面对借款人的道德风险，例如借款人未能尽职地实施投资项目，导致最终不能履行回报承诺；或者改变资金承诺用途，使得贷款风险增大，甚至打水漂了。毕竟，借款的责任是有限的，借款人有足够的动机去追逐可能带来高回报的同时必定也存在高风险的项目。所以，贷款人要时时监督借款人的各种懈怠和机会主义行为。

解决事后的道德风险所产生的各种支出，本质上都属于交易费用。而金融中介在节约这种交易费用中所具有的优势，我们在前面即已指出。解决事先的逆向选择问题，途径有多种。例如，可由专门的机构去生产并销售借款人的信息，帮助贷款人分辨借款人的好坏，这可以解释为什么像穆迪和标准普尔这样的信用评级公司能产生并发展。政府的管制，例如强制性信息披露制度也可以缓解这一问题。不过，这种管制一般只针对公众参与的市场。抵押制度也有助于缓解这一问题，但这将把那些实际上有可靠回报但没有抵押物的项目排除在外。金融中介有大量的专业人才，也有雄厚的资金，更容易获得较全面的信息。

金融中介还能够化解借贷事先的逆向选择和事后的道德风

险。个体直接放贷时，他与借款人之间的关系是松散的甚至短暂的。但由金融中介完成贷款就不一样了，它与借款人之间经常会建立起紧密的、长期的关系，包括要求借款人在己处设立资金账户。金融中介能够掌握借款人信息，能消除贷款的事后道德风险。借款人采用长期贷款，为了能长期得到中介的资金支持，只能恪守信用。

以上讨论主要是针对间接融资中的金融中介而言。直接融资中的金融中介在解决信息不对称问题上也有类似的作用。金融中介的作用主要体现在事先的筛选和事后的监督，例如由投资银行推荐企业上市并对它持续督导，由基金公司代表投资人监督企业履行招股承诺。

三、改善公司治理

公司治理产生的根本原因在于公司股权分散、所有权与经营权分离。由于委托—代理关系的存在，企业的管理层有可能会采取自身利益最大化而非股东价值最大化行为，从而导致资金被低效使用甚至恶意占用。产品市场的充分竞争并不能解决这一问题，合理的法律制度安排常被寄予厚望，而完善的金融体系也是一个有力的工具，能在这方面发挥显著的作用，从而提升经济体系的效率。

首先，金融市场为管理层激励提供了一个渠道。通过股权激励计划，企业管理层的利益可以在很大程度上与股东价值最大化一致起来，从而抑制了委托—代理问题。

其次，金融市场可以通过控制权市场在企业外部建立强有力的约束机制。大多数商业银行建立了“三会一层”（即股东大会、董事会、监事会和高级管理层）的公司治理架构，逐步确立了比较符合现代商业银行制度的治理体系。“内部人控制”问题主要是所有者对经营者缺乏监督和激励，股权过度集中、公司治理架构运转不畅都可以通过外部强有力的市场约束机制来控制。

最后，金融中介可以与企业建立紧密的联系，包括向企业派出监事或董事，从而对企业实施有效的监督。公司治理的方法详见表6-2。

表 6-2 公司治理风险表

风险模块	法律风险点			管理建议及对策
	风险点	描述	影响	
公司名称	公司名称不符合有关法律规定	公司的名称与其所从事的行业不符	可能被登记主管机关要求对目前使用的名称予以纠正、办理相应的企业名称变更登记手续	申请公司名称时不使用与公司实际主营业务不符合的字样，并可就该事项与登记主管机关进行咨询
	公司名称未经有权机构核准	公司名称不符合《公司名称登记管理实施办法》中相关规定	可能被登记主管机关要求对目前使用的名称予以纠正、办理相应的企业名称变更登记手续	加强对企业名称登记相关法规的了解，并可就该事项与登记主管机关进行咨询
出资	出资形式不符合法律法规的规定	股东以劳务、信用、自然人姓名、商誉、特许经营权或者设定担保的财不符合公司法规定	公司可能被相关登记机关认定为违反公司法的规定	股东应该以符合公司法以及相关法律法规规定的财产出资
	注册资本未能按期足额交纳	股东未在公司章程约定的时间内缴清注册资本	该股东可能被公司登记机关责令改正	按公司章程约定缴付注册资本是股东的法定义务，应督促每个股东按公司章程约定缴付注册资本
	非货币财产瑕疵出资	以非货币财产出资，未实际交付公司或未过户至公司名下	该股东可能被公司登记机关责令改正	股东以非货币财产出资的应当实际交付公司使用，需要办理登记的还应办理权属变更登记
	抽逃出资	股东有抽回出资的行为	该股东可能被公司登记机关责令改正	股东向公司借款应履行公司股东会决议或董事会决议等内部决策程序，签订相应借款协议，并在公司财务会计报告中作为公司应收账款处理

续表

风险模块	法律风险点			管理建议及对策
	风险点	描述	影响	
出资	股份发行同股不同价	股份有限公司在同一次增资中,不同股东的认购价格不同	同股不同价的增资行为可能因违反法律的强制性规定被有关公司登记机关认定为无效,存在无法办理变更登记的风险	股份有限公司股份发行应尽量避免“同股不同价”的情形;对于不同增资者的认购价格确实不同的,可以拆分成两次认购
	未按法定程序减资	公司减资未履行通知债权人、在报纸上公告的法定程序	存在被公司登记机关责令改正并处以罚款的风险	公司减资应按公司法的相关规定履行法定程序

四、分散与管理风险

风险是与不确定性相伴存在的。在经典的阿罗—德布鲁模型中,不同时点以及不同状态下的同一商品,被当作不同商品加以处理,一个动态的经济体系就被完全静态化,因跨期而产生的不确定性随之消失了,当然也就不存在风险问题。

但是,回避掉这一问题,并不表示它不存在。当我们把跨期因素纳入分析框架,就必须考虑不确定性及随之而来的风险,即我们必须要面对以下情况:商品的价格在时间系列中会出现波动,从而给经济当事人带来风险。而分散与管理风险,正好是金融体系能大展身手之处。可以说,具备这方面的功能是金融体系产生和发展的一个关键动因,并且其作用越来越突出。

金融体系分散风险的途径包括商品系列和时间系列,也就是横向风险分担和跨期风险分担。仍考虑前述个体直接放贷的例子。在这种情况下,贷款失败的可能性也许很小,但一旦出现,则后果很严重,因为损失完全要由个体贷款人自己承担,而这可能是其不能承受之重。从个体贷款人的角度看,由于其贷款后果难测,存在损失很大的可能,所以,他实际上所面临的风险较大,从而也必定要求较高的风险补偿。而由金融中介作为代理人去完成贷款，则贷款的风险就不需要在一对一的基础上去承担，而是由众多的个体所组成的集合体来承担。此时，概率论中的大数定理将发挥作用。由于金融中介面对很多借款人，这些借款人的投资项目总体上能保证相当比率的成功率，同时失败的概率极小，甚至小到可以忽略不计。这样，个体贷款人的收益保障程度较在直接放贷的情况下有了极大的提高。由此，他所面对的风险大为下降，从而要求的风险补偿会降低。相应地，贷款利率会随之降低，进而经济增长得到促进。金融中介在上述过程中所起的作用是实现了所谓横向风险分担。

与金融中介相比，金融市场在实现横向风险分担上的作用就更加突出。金融市场提供有各式各样的金融工具（见图 6-1），投资者根据对客户风险评估整合出适于该客户的投资方案。

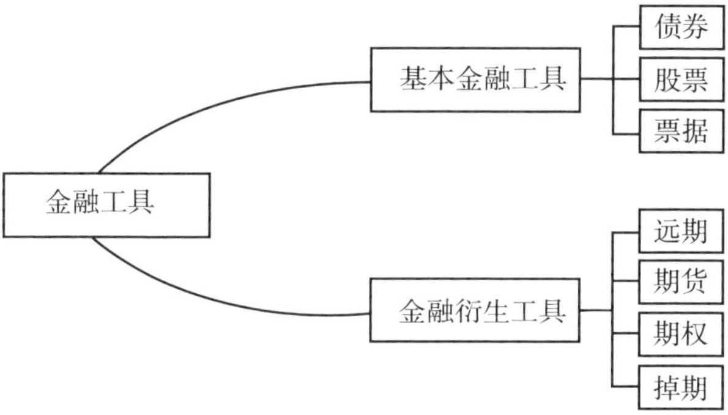

图 6-1　金融工具分类

当然，横向风险分担也存在着局限性。当出现系统性风险时，比如宏观经济出现景气波动时，投资人或贷款人就会面临着困难局面，整体回报会下降。对于这种跨期的整体风险，通常采取跨期套利交易策略，将给定时点上不可分散的风险，在具有不同经历的各代人以及他们生命周期内不同时期之间进行摊销，从而实现风险的跨期平滑，弱化风险。

因此，随着金融市场的发展，原先由间接融资中的金融中介来完成风险的跨期分担越来越多地转移到由直接融资中的金融中介通过金融市场来完成。这导致后者加速发展，而传统的金融中介也快速转型，风险管理成为所有金融中介日益突出的一个功能。

在讨论金融体系的风险管理功能时，有一类风险引起了金融经济学家特别的关注，那就是流动性风险。金融体系的存在和发展还有一个重要理由，即它降低甚至消除了经济当事人的流动性风险，实际上是为经济当事人提供了一种流动性保险。

不过，金融中介在提供流动性保险方面存在着局限和脆弱性。为了给经济当事人提供可靠的流动性，金融中介要留有准备金，持有一部分流动性好的资产，以备满足经济当事人流动性需求。金融市场也能提供流动性。具有足够的深度即有大量的交易者和交易是金融市场能够存在的前提。金融中介去甄别借款人，代理成本也随之大大增加。当这种现象盛行时，系统性风险就会聚集甚至爆发，次级按揭贷款市场及其危机就是一个很好的例子。

第二节　政策性金融

政策性金融的特点：一方面是代表政府的政策性金融机构（国有或国家控股），另一方面是特定领域（需要政府扶持的领域和公共领域的人和项目）。资金来源于政府财政资金，融资理念是舍小利，取大利。

美国的政策性金融的特点有四个：一是政府出资设立，逐步民间所有；二是复合式机构组织形式；三是积极参与金融市场活动；四是法律先行。日本的政策性金融机构由二行九库组成。二行是指日本开发银行和日本进出口银行；九库包括国民金融公库、住宅金融公库、农林渔业金融公库、中小企业金融公库、北海道东北开发公库、公营企业金融公库、中小企业信用保险公库、环境卫生金融公库、冲绳振兴开发金融公库。日本的政策性金融的特点也有四个：一是的政策性金融机构自成体系；二是资金来源独具特色；三是规模庞大、种类多样、作用显著；四是先立法后行事。中国的政策性金融体系包括四大块：国家开发银行、进出口银行、农业发展银行、出口信用保险公司。

在一个国家完整的金融体系中，不仅包括商业性金融，而且客观存在着与之对称、平行、并列和互补的政策性金融。政策性金融是国家保障强位弱势群体金融发展权和金融平等权的特殊制度安排。政策性金融学（Policy Finance）是从宏观分析和微观分析两个层面研究政策性金融制度及其运行机制，以实现政策性金融资源有效配置的一门边缘性交叉学科，并已逐渐发展成金融学领域中充满生命力和颇有发展前景的一门新兴学科。作为研究政策性金融制度及其运行机制的政策性金融学，其学科范畴除了包括一般性的政策性金融学科外，还可具体划分为政策性银行学、政策性保险学、政策性投资学、政策性信托与租赁等分支学科。作为专门研究政策性金融制度的政策性金融学，是辽宁大学金融学国家重点学科的研究方向之一，也是拥有政策性金融硕士和博士学位授予权的金融学科点，居全国领先水平。该学科学术带头人白钦先教授被称为是国内外“政策性金融理论的首创者和中国政策性金融实践的首倡者”。这一理论在中国政策性金融的艰难曲折进程中得到发展与完善，也经受了检验与考验。

政策性金融是中国特色现代金融体系的重要组成部分，除财政部和央行以外，国家开发银行、中国农业发展银行、中国进出口银行三大政策性银行发挥了不可忽视的重要作用。当前，应对全球新冠肺炎疫情扩散导致的世界经济低迷、国内经济下行压力加大的困难，政策性金融机构要进一步发挥好金融政策的逆周期调节作用，把支持复工复产和扩大内需结合起来，采取有效措施促进经济健康平稳发展。

一、政策性金融在宏观政策逆周期调节中的优势

政策性金融是在政府支持下，以国家信用为基础，采取优惠性利率的方式，为配合国家精准扶持新兴产业而进行的特殊性资金融通行为，在经济低迷或经济下行压力大的时候，政策性金融能够为逆周期调节政策提供积极的支持。

政策性金融具有直接扶植与强力推进、逆向性选择、补充与辅助性及专业性服务与协调等功能。政策性金融是中国特色现代金融体系的重要组成部分，也是我国制度优势在金融领域的具

体体现。政策性金融作为我国金融市场的“晴雨表”,在逆经济周期调节中承担着准财政功能,具有直接参与、主动扩表和示范效应等优势,一定程度上可以弥补政府宏观调控的不足。

政策性金融是产业政策调整的重要抓手。我国政策性金融成立的初衷,就是依托国家信用募集资金,支持“两基一支”“进出口”“三农”等领域加速发展。从实践看,这些提供准公共产品的行业,其产品市场、基础设施、资产条件等相对缺乏吸引力,商业性金融不愿进入,而财政补贴、税收返还等财政政策又因其临时性特点而不可持续。政策性金融机构了解国家政策动向,可以通过规模效应和跨期效应吸引商业银行和社会资本的进入。在2008年后我国的两轮稳增长周期中,政策性金融机构支持很多高新技术企业和关键核心技术产业实现了补短板,成为助力我国产业结构转型升级的主力金融机构。

政策性金融是稳定金融体系的重要支撑。当前,国际形势的不稳定性、不确定性和不可预见性,推升了世界性经济金融危机发生的概率。政策性金融机构作为体现党和国家意志的国有金融企业,与商业性金融机构相比,执行宏观审慎政策更为有力,能够起到金融体系“稳定器”的作用。2008年,国家开发银行、中国进出口银行和农业发展银行在应对国际金融危机和恢复经济发展中发挥了不可或缺、不可替代的特殊功能。新冠肺炎疫情发生后,政策性金融机构配合相关部委迅速行动,为防疫积极开展融资工作。截至2020年2月末,累计发行防疫抗疫、复工复产等专项主题债券510亿元,累计发放防疫应急、复工复产及春耕备耕等优惠利率贷款合计超2500亿元,有力地维护了我国金融市场的平稳运行和复工复产、春耕生产的有序推进。

二、政策性金融机构在支持稳增长中需要处理好三个关系

政策性金融机构在发挥中长期投融资作用以实现逆经济周期反向调节的同时,要注重把握好以下三个重要关系。

（一）处理好内部效率与外部经济的关系

政策性金融与实体企业是共生共荣的利益共同体，如果实体经济全面衰退，政策性金融机构也无法独善其身。经济下行压力大的时候，政策性金融机构需从国家大局出发算大账，不能以利润最大化为目标过度追求自身的盈利。国家相关部委应考虑通过发行特别国债对政策性金融机构进行注资，进一步增强其逆周期调节的能力。在对政策性金融机构及其管理者进行考核的时候，要将政策性金融机构支持稳增长的政策效果作为主要考核指标，适当降低利润类考核指标，并适当提高不良贷款容忍度。与此同时，政策性金融机构及其分支机构要坚持保本微利的经营原则，在风险覆盖的前提下，降低贷款利率和服务费率，尤其是在经济下行压力大的特殊时期，政策性金融应通过让利于企业来推动整体经济的发展。

（二）处理好应急之策与长效机制的关系

当前的短期经济下行压力大，既有新冠肺炎疫情突发性外部冲击的影响，也有经济中长期结构性因素的影响。对此，2020 年 3 月 27 日召开的中共中央政治局会议强调，“要抓紧研究提出积极应对的一揽子宏观政策措施”。短期看，政策性金融机构应根据自身业务定位，配合积极的财政政策和灵活适度的货币政策，扩大短期专项流动资金贷款规模，并在准入要求、贷款利率和审批时限等方面给予最优条件，为受疫情影响的企业纾困。长期看，疫情对全球经济的冲击可能要维持较长一段时间，经济的恢复不可能一蹴而就。政策性金融机构要注重建立起对冲政策的长效机制，保持优惠政策的针对性、稳定性和连续性，防止因政策中断给实体企业造成的冲击。同时，要加大对中长期贷款项目的审批和发放进度，提高企业的中长期融资比重。

（三）处理好政策性金融机构与商业性金融机构的关系

政策性金融机构与商业性金融机构既要避免交叉竞争，又要形成互补合作。一方面,政策性金融机构要坚持政策性职能定位,明确细化业务边界,有效服务于国家发展的重点领域和薄弱环节,防止信贷资金流入房地产等领域,与商业性金融机构进行不公平竞争,产生挤出效应;另一方面,政策性金融机构要发挥长期、大额、低息资金的先导作用,积极探索"批发资金转贷"等形式,将其政策优势、资金优势与商业银行的网点优势、人力优势结合,通过杠杆作用撬动更多资金共同助力稳投资、稳就业。

三、政策性金融机构助推稳增长的主要路径

当前,政策性金融机构要把支持复工复产和扩大内需结合起来,加大信贷资源倾斜,助力短期稳增长与长期经济高质量发展双目标的实现。

聚焦政策性金融定位,支持复工复产。政策性金融机构要以政策性业务为主体,各有侧重,加大对实体企业纾困工作的支持力度。三家政策性金融机构应充分利用人民银行再贷款、再贴现等流动性支持政策,以优惠利率精准支持受疫情影响较大的民营和中小微企业复工复产;国家开发银行已设立2500亿元专项贷款支持制造业高质量发展,重点支持先进制造业和传统制造业技术改造,下一步要依托制造业产业链核心企业,创新订单融资、保理融资、应收账款融资等方式支持上下游中小微企业,推进产业链"上下游、大中小、产供销"整体复工复产;中国进出口银行应出台专项稳外贸的支持政策,适当扩大分支机构外贸业务方面的授权,农业发展银行应出台支持春耕备耕及"三农"的专项政策,加大对粮食储备和农村基础设施补短板的支持力度,补齐商业性金融的融资缺口,满足疫情期间农副产品生产的资金需求,全力保障我国粮食安全。

坚持市场化运作方式,支持重大项目建设。政策性金融机构要把支持复工复产和扩大内需结合起来,加大信贷资源倾斜,加大对重点领域、重大项目金融的支持力度。一是与各级政府部门对接重大产业投资项目,同时服务稳增长和建设现代产业体系两大目标。二是积极配合地方政府发行的专项债券,为政府类重大项目提供配套贷款融资,放大预算资金杠杆。要创新搭建新型市

场化融资模式，实现对项目的培育、开发和管理，不新增地方政府隐形负债。

完善内部治理架构，提升精准化支持效能。政策性金融机构应以此次防疫融资为契机，建立重大灾难风险金融支持机制，提升应对全球性外部冲击的金融服务能力。一是三大政策性金融机构应在国家相关部委的支持下，制订支持本轮稳增长的系统性金融服务方案，适当扩大政策性金融债券的发行规模，并坚持“低来低去”的原则，设立专项优惠融资资金，强化对重点、关键、救急等类型的企业支持。二是优化内部授信、放贷审批机制，探索建立支持稳增长的绿色通道，将政策性金融制度优势转化为金融体系的治理效能。在合规和风险可控的前提下，适度扩大分支机构审批权限，降低贷款门槛和贷款利率，并延长贷款期限，支持复工企业渡过难关。三是充分运用区块链、大数据、云计算等金融科技手段，完善风险内控机制，适当增提坏账准备，保障资产质量的稳定，以维护金融体系的稳定。

四、政策性金融理论

（一）金融约束论

20 世纪 90 年代末，赫尔曼等经济学家把不确定性、信息不对称、不完全竞争、外部性以及内生增长理论的成果引入金融发展理论之中，并在此基础上提出了金融约束论。“金融约束论”主张在经济落后、金融深化程度低的发展中国家，政府对金融部门有选择性地进行干预，如控制存贷款利率、市场准入及竞争、限制资产替代等，以此在金融部门和生产部门创造租金，提高金融体系的运行效率。

“金融约束论”的本质是政府通过一系列的金融政策在民间部门创造租金机会。赫尔曼等人认为租金的存在，一方面增加了存款银行特许权的价值；另一方面，金融约束可以使拥有良好业绩和投资项目的企业从贷款中得到更多租金份额，并利用这些新增财富增加在投资项目中的股本投入，降低投资项目风险，就更容易从正式的金融部门获得融资。

金融约束要发挥作用，必须具备一定的前提条件，这包括：宏观经济稳定，通货膨胀较低并且是可预测的，正的实际利率。基于这些前提，金融约束论提出了利率控制、限制银行业，尤其是破坏性的竞争的政策。

（二）市场失灵论

自 20 世纪 20 年代至 30 年代初的经济危机之后，"市场失灵"学说盛行，一些经济学家认为，鉴于市场存在失灵，政府介入市场的经济活动已不可避免。市场失灵表现在四个方面：垄断、外部性、公共物品和共有资源。产量低、价格高、缺乏创新动力、寻租行为是产生垄断的原因（见图 6-2）。最早在 2011 年，国家发展改革委对山东两家药企开出了国内首张反垄断巨额罚单（逾 700 万元）；联通和电信因涉嫌依靠骨干网的垄断地位，通过价格歧视打压竞争对手，也受到国家发展改革委的反垄断调查，成为首批被发展改革委反垄断调查的央企。对于垄断的解决方式有：按边际成本定价、按平均成本定价、自然垄断行业国有化（见图 6-3）。

市场只按照反映私人收益及成本的需求和供给决定商品的产量。那么在存在外部性的场合，由市场形成的私人最优偏离社会最优（见图 6-4、图 6-5）。负外部性的存在也导致市场失灵。负外部性可通过征税、排污权交易、产权界定、环境管制来解决。

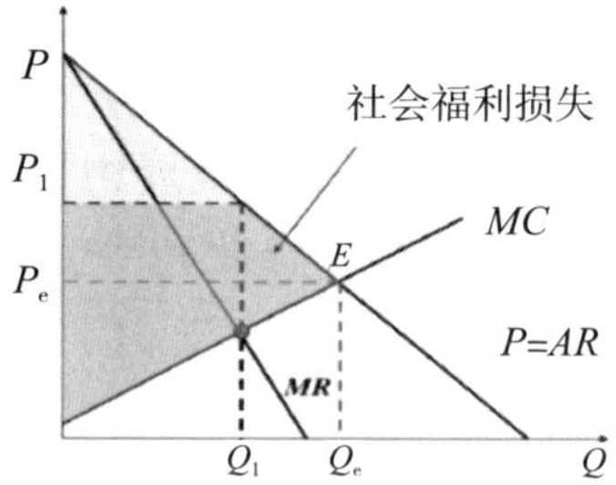

MC：边际成本 Q：产量 P：价格 AR：平均收益 MR：边际收益

图 6-2 垄断产生原因

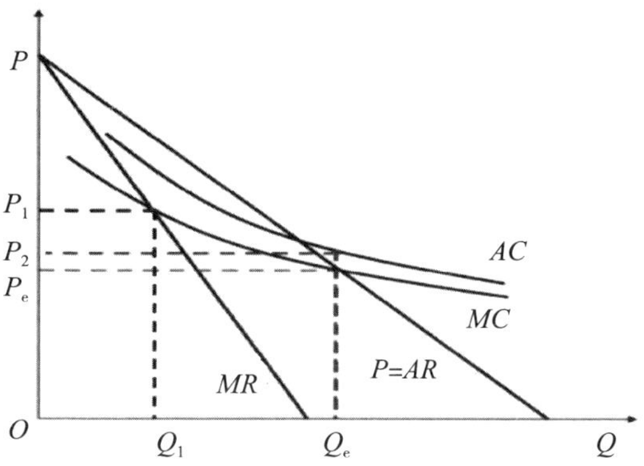

MC：边际成本 Q：产量 P：价格 AR：平均收益 MR：边际收益

图 6-3 垄断管制

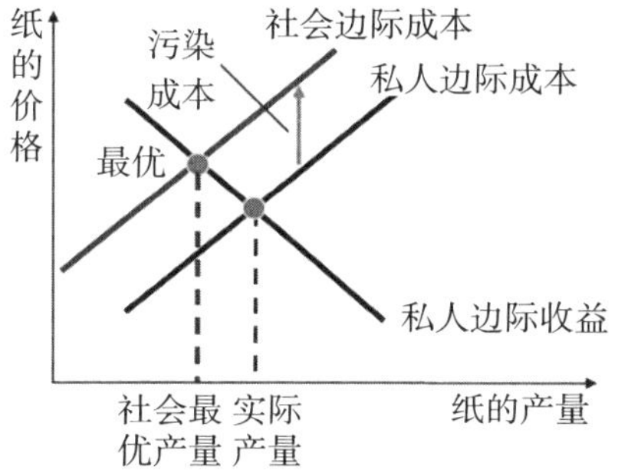

图 6-4 社会最优

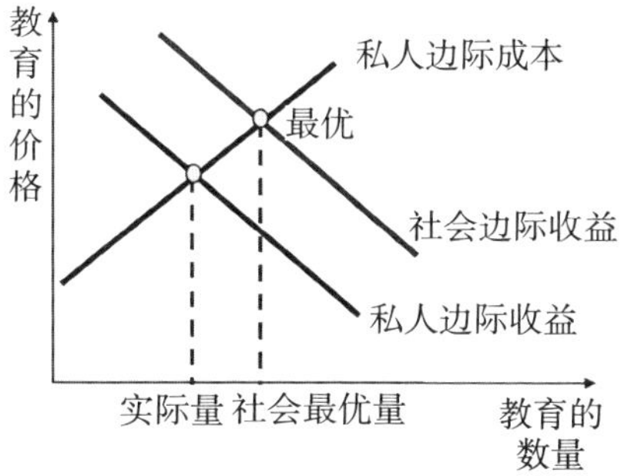

图 6-5 私人最优

当一个人使用共有资源时，他减少了其他人对这种资源的享用。由于这种负外部性，共有资源往往被过度使用。政府可以通过管制和税收，减少共有资源的使用来解决这个问题。此外，政府还可以把共有资源变成私人物品。

市场失灵会影响到企业的创新方向和创新数量，导致全社会该产生的创新不够，从而降低资源配置的长期效率。政府针对市场失灵必须采取不同的措施，正确引导企业的创新行为。

（三）不平衡发展论

不平衡增长理论是由艾伯特·赫希曼提出的，他主张发展中国家应有选择地在某些部门进行投资，通过其外部经济使其他部门逐步得到发展的经济学说。他认为发展道路是一条“不均衡的链条”，从主导部门通向其他部门。首先选择具有战略意义的产业部门投资，这样可以带动整个经济发展。政府应主动担负投资额大、建设周期长、对私人资本缺乏吸引力的社会基础设施的投资。

对于发展中国家来说，发展所面临的问题，与发达国家在早期现代性阶段所面临的问题不同。发展中国家采取重工业优先发展策略来赶超发达国家，而这样的策略往往是以采取不平衡的发展战略为前提。中国所实行的重工业优先发展及其相应的抑制消费的政策，体现了生产现代化和消费传统性的兼容并存关系。当然，不平衡发展政策并非必然阻碍产业升级，但它有可能引发阻碍产业升级的不利因素。

五、山西省大同市政策性金融供给分析

政策性金融通过信贷渠道实现促进战略性新兴产业的发展。政策性金融对信贷的支持作用可以分为两个方面。第一，政府直接资金流向，引导政策性金融机构增加战略性新兴产业方面的信贷活动，如政策性贷款中的国家政策性银行发行贷款。第二，间接干预的方式，即政府通过政策性担保、财政贴息等方法，引导商业性金融机构倾向战略性新兴产业的信贷活动（见图 6-6）。

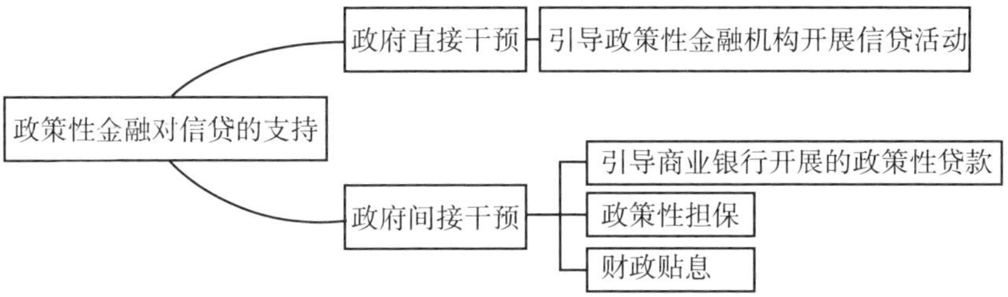

图 6-6　政策性金融对信贷方式的支持

2017 年,山西省大同市在攻坚克难中蓄势崛起,经济社会实现了健康持续发展。作为金融机构,如何促进经济发展新旧动能的转换?如何更好扶持实体经济发展?大同农信社提出了“重点支持战略性新兴产业发展,助力地方产业转型升级”的发展规划,全面助力大同成为能源革命和对外开放“两个尖兵”的排头兵。

新智产业园区项目就是推进实施重点支持产业的重大举措之一。大同农信社为该项目及时投放信贷资金 2 亿元,促进产业向园区集中、企业向规模经营集中。同时,大同农信社与市国税局、市地税局、市财信融资担保公司、市投资担保中心高效对接,发放财信担保贷款 19 笔,金额 1.02 亿元;为企业申请应急周转保障资金 44 笔,金额 5.18 亿元;支持优质 AB 级纳税企业 189 户,金额 35.06 亿元;以“诚信续贷通”信贷产品为载体,为辖内贷款客户办理无本续贷业务 2435 笔,金额 195.75 亿元,真正实现了银企抱团取暖,助力大同经济发展[①]。

(一)产业基金支持

截至 2021 年 1 月,大同市政府产业投资引导基金投融资总规模达到 81.68 亿元,投资方向覆盖新能源产业、航空产业、文化产业、贫困地区产业扶持、民营企业扶持、创新创业等多个领域,在全省名列第一。大同市政府产业投资引导基金,在全国最佳政府引导基金(市级)30 强评选中排名 26 位,也反映了大同市政府在引导社会资本投资、带动产业转型等方面表现出的较强募资能力,也是该项在全国奖项中零的突破。

① 吴海燕．探究大同市金融支持战略性新兴产业发展的途径研究——基于国际经验及启示[J]. 企业科技与发展,2021(10):91-95.

培育区域股权交易市场，支持金融服务机构为市内中小微企业提供各类业务培训，所需资金由大同市政府补贴。合理引导金融机构，加大对重大招商引资项目的信贷支持力度。

（二）企业上市及挂牌支持

2021年2月，山西省地方金融监管局官网发布了30家省重点上市后备企业名单，大同市有7家企业榜上有名。分别是山西省古建筑集团、牧同科技、大同新成新材料、山西东亮生命科技、大同开发区阳光小额贷款、大同宇林德石墨新材料、大同市中科唯实矿山科技这7家公司。

（三）上市企业再融资及发债支持

上市公司通过再融资支持大同市发展建设的，数额2亿元以下的奖励50万元，数额2亿元以上的，每增加1亿元，再奖励10万元，封顶是100万元。企业发行债券成功的，按每期债项规模给予5‰的贴息奖励，每期债项贴息奖励最高100万元。

（四）企业并购重组及股权投资支持

山西近年来虽然在国企改革方面动作频频，但近三年来没有一家公司在A股上市。中国证监会表态继续支持当地优质企业上市和重组并购，省属大型国企集团山煤国际、漳泽电力、山西焦化、太化股份的竞争力会明显增强，这些集团所属的A股上市平台也将显著获益。大同市政府也出台了众多利好政策来帮助企业并购重组进行优化资产，对重组上市公司，或者重组外地上市公司并将上市公司迁入大同市的本地重组方，一次性给予补助400万元。对兼并重组大同市困难企业的，最高给予500万元的贴息奖励。

新兴产业税收在创近年来新高的同时，还表现出从无到有、从慢到快、从弱变强、从少到多的特点。全市税务系统围绕市委市政府确定的发展目标，积极发挥税收职能作用，用足用活用好各项税收优惠政策，努力为战略性新兴产业提供支持。2021年大同市率先出台氢能产业发展规划，牵头省内5个城市申报国家燃料电池汽车示范城市群。同时实现碳减排，建成大唐国际云冈热电公司煤电全产业链示范工程，发展绿色交通，新增氢燃料车，更换电动公交车辆、出租车辆。市政府继续推进重点项目建设，打造新兴支柱产业集群。大数据产业与华为、京东等头部企业合作，通用航空产业推进大同轻型飞机制造有限公司大同通航产业园，新材料产业推进大同尚镁科技有限公司高性能镁合金材料，生物医药产业推进国药集团威奇达药业有限公司青霉素绿色产业链升级。聚焦“六新”突破，新兴产业类企业自身的创新发展意愿和市场竞争力得到大幅提升。

第三节　银行信贷

一、信贷政策与信贷投放、信贷结构

信贷是以银行为中介，以偿还利息为条件的货币借贷。信贷的业务流程见图 6-7。我国目前的信贷政策包括：与货币信贷扩张总量有关，配合国家产业政策、限制性信贷政策，制定信贷法律法规。“三个办法、一个指引”是我国信贷管理制度中的一项制度性、革命性变革，是对我国银行业监管法规体系的进一步完善。它有助于改变商业银行传统的粗放型信贷管理方式，提高贷款管理水平，有效防范信用风险，促进银行业平稳健康发展；有助于维护贷款资金安全，保护存款人和金融消费者利益，维护公众对银行业的信心；有助于更好满足实体经济对信贷资金的合理需求，促进国民经济平稳较快发展[①]。

“信贷投放”是指商业银行根据经济金融形势、客户经营状况以及信贷政策等因素，自主调整其贷款投向及其规模的行为（见图 6-8）。信贷结构是指不同产业中信贷资金的投入结构，包括行业结构、区域结构、客户结构、产品结构。优化行业结构要稳妥支持战略性新兴产业；区域结构加大对中西部和内陆沿边开放地区信贷投；客户结构重点支持优质大中型、夯实战略性客户基

① 吴海燕，张国卿．互联网时代企业竞争有何制胜之道[J]．人民论坛，2016（31）：128-129.

础；产品结构大力发展银团、并购贷款等新型金融业务。

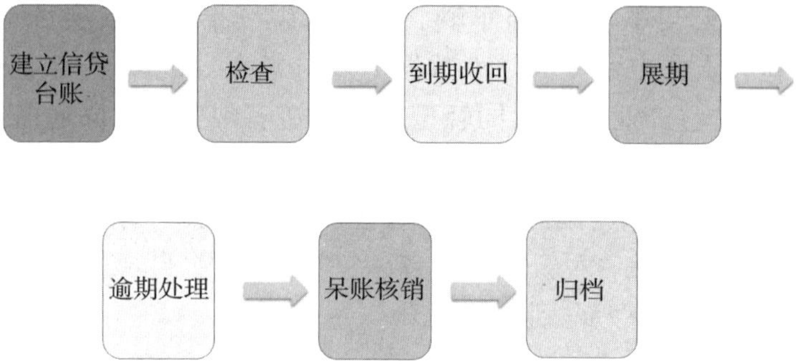

图 6–7 信贷业务流程

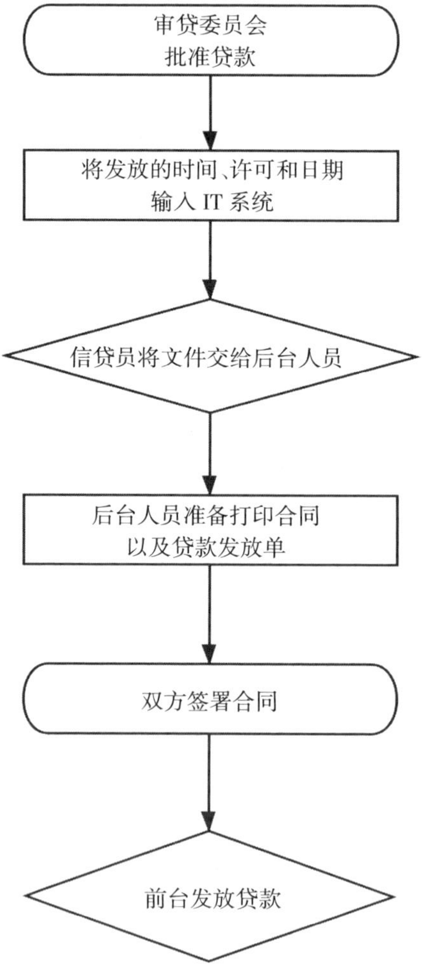

图 6–8 信贷投放流程

二、银行信贷促进产业结构调整

（一）国外的理论研究

马克思在《资本论》第三卷中提到："信用制度加速了生产力的物质上的发展和世界市场的形成"[①]。亚当·斯密认为"慎重的银行活动，可增进一国产业。但增进产业的方法，不在于增加一国资本，而在于使本无所用的资本大部分有用，本不生利的资本大部分生利[②]"。熊彼特[③]认为银行可以通过甄别具有高新技术、新型产品的企业，并为之提供融资，促进其技术创新。就早期的国外研究来看，大多数学者探讨银行信贷与经济增长的关系，很少涉及产业层面的研究。近代的研究主要侧重于技术创新对于产业结构的支持。布特研究发现，很多国家经济发展的早期阶段，融资结构的差异对产业结构的影响意义并不大，只有当经济发展和金融发展水平达到一定规模后，资本市场的融资方式才开始对产业结构的调整发挥作用。

（二）国内的研究

国内学者大多是从事基于融资规模的研究，只有少数基于融资结构进行研究，这是和国外研究不同的地方。戴杏花（2021）认为，银行信贷规模在货币政策传导机制中的作用逐渐减弱，为了提高金融调控的有效性，社会融资规模指标应运而生。张华飞（2018）研究认为，处于不同阶段的产业结构对金融服务的需求存在差异，即融资结构需要与产业结构相互匹配，以支持具有比较优势的产业和具有自生能力的企业的建立和成长，促进经济发展。饶萍[④]认为间接融资和直接融资都对我国产业结构升级有

① 马克思．资本论（第三卷）[M]．北京：人民出版社，1975.

② 亚当·斯密．国民财富的性质和原因的研究[M]．北京：商务印书馆，1972.

③ 约瑟夫·熊彼特．经济发展理论[M]．北京：商务印书馆，1990.

④ 饶萍．资本结构、政府补助对企业研发投入的影响——基于创业板上市公司的实证检验，2018（1）：42-44.

正向影响，研发投入对我国的产业结构升级也起到了正向推动作用，中国应该继续坚持大力发展股票、债券市场，并将直接融资的资金投至对国家经济发展转型有益的第三产业，从而促进产业结构的优化与升级。刘场（2017）研究认为融资规模对实体经济增长的作用呈边际效应递减趋势，融资方式的改变会通过引导产业结构优化来带动实体经济增长。在优先次序确定方面，金融发达区域应当优先优化融资结构；金融欠发达区域更应优先提升融资规模。刘赣州[①]研究认为，产业结构优化升级与金融支持密不可分，金融的资金聚集功能和服务水平在很大程度上左右着产业结构优化升级的步伐。陈伟国（2008）表示，在我国银行业对经济增长的作用远大于股票市场的作用，以银行为主导的金融结构对经济增长发挥了主要作用[②]。因此，对于在产业结构调整中处于核心地位的战略性新兴产业，保障其有足够的资金进行研发，将有助于尽快完成产业结构的调整升级。

第四节　资本市场

中国资本市场经历了1990年、1991年主板市场建立，2004年中小企业板设立，2006年创业板上市的发展历程，已形成了多层次的资本市场体系（见表6-3）。多层次的资本市场体系，资本流动速度在加快，资本利用效率在增加。近三十年来，随着改革开放的历史进程，我国资本市场实现了跨越式发展，新时期中国资本市场发展战略将全面实行股票发行注册制，建立常态化退市机制，提高直接融资比重。我国资本市场的未来发展走市场化、科技化、国际化道路，要让未来有成长性的上市公司成为中国资本市场上市公司的主体部分，要把中国资本市场建设成国际金融中心。但是现阶段我国的资本市场也存在很多问题，例如上市公

① 刘赣州．论中部地区产业结构优化升级的金融支持[J]．学术界，2005（5）：55-59.

② 陈伟国，张红伟．金融发展与经济增长[J]．当代经济科学，2008（3）：49-56.

司质量不高，市场法治化程度较低，这都需要时间进一步地改善。

表 6-3　新旧常态下的资本市场特点

旧常态	新常态
市场发现简单	市场发现难度增大
高投资、高储蓄、高出口	消费提升，投资下降，出口稳定
对投资和出口依赖	市场竞争激烈，创新力度大，民企的天下
创新力度小	创新力度小
消费低迷，内生动力弱	内生动力强，会成为世界强国

2015—2019 年我国股票市场实行核准制。调研实证结果表明，核准制之下，我国股票市场上战略性新兴产业融资效率整体偏低，具体原因如下：第一，核准制之下的股票发行体现了行政干预的结果，虽然在股票市场建立初期，核准制能够将一些资质不足的企业拒之门外，起到了保护投资者的作用，但是随着股票市场的成熟，核准制下给予某些发行监管机构“权力寻租”的空间，从而损害融资环境的公平性，降低融资效率；第二，核准制下实行实质性审核，使得新股发行周期长、成本高，上市时间不确定，融资效率低下，影响融资效果；第三，核准制下退市制度难以贯彻实行，引发股票市场种种乱象——炒重组、壳资源的炒作、“三高”现象（高市盈率、高溢价率、高超募金额）等频繁出现，扭曲股票市场的资源配置作用，降低企业资金配置效率。

在当前“双循环”的新发展格局下，经济发展的内生动力离不开资本市场的支持，注册制改革符合我国国情的发展，是大势所趋。近年来，注册制的实施进程在持续推进。2019 年 3 月 18 日，上交所科创板发行上市审核系统正式开放，接受上市注册申请。2020 年 7 月 13 日，创业板注册制迎来了第一批上会的企业。2020 年 10 月 31 日，国务院金融稳定发展委员会召开专题会议强调，要增强资本市场枢纽功能，全面实行股票发行注册制，建立常态化退市机制，提高直接融资比重。

注册制的实施，能够提升战略性新兴产业的融资效率。在资金筹集阶段，企业筹资效率会得到提升。注册制之下，审核程序得到简化，上市审核时间大幅缩短，提高了发行效率；同时，注册制下注重信息披露的规范性和真实性，不对企业进行实质性的审查，上市门槛降低，发行费用也较核准制低，拓宽了企业的筹资渠道，降低了筹资成本，从而提升了战略性新兴产业的资金筹集效率。在资金使用阶段，资金配置效率会得到提升。注册制下，要求完备的信息披露制度，并且配合操作性强的退市制度，从而使资本市场有“优者进、劣者出”的功能，提高资本市场的有效性，资本市场优化资源配置功能得以发挥。这就要求企业加强公司治理，强化内部控制，增强信息透明度，提升经营业绩，从而提升其资金配置效率。证券市场是股票、债券、投资基金等有价证券发行和交易的场所，是资本市场的主要部分和典型形态（见图6-9）。

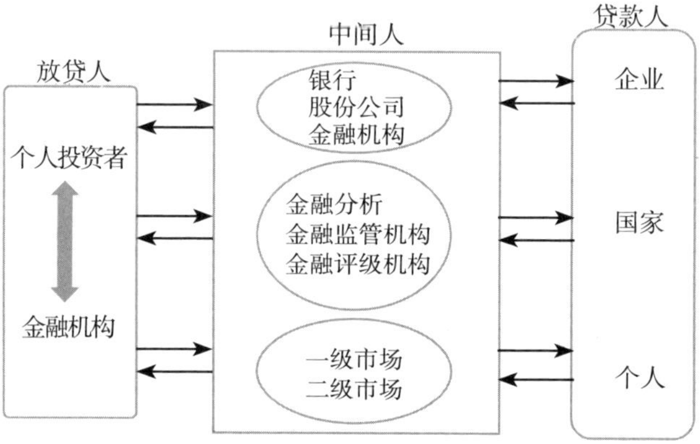

图 6-9　资本市场原理示意图

一、资本市场类型

资本市场是指期限在一年以上的中长期金融市场，其基本功能是实现并优化投资与消费的跨时期选择。按市场工具来划分通常由股票市场、债券市场和投资基金构成。图 6-10 是国内外多层次资本市场构成图。其中股票的种类有普通股和优先股；股票的市场有一级市场和二级市场。债券的种类包括三种：政府债券、公司债券、金融债券。债券的市场有一级市场和二级市场。投资基金的种类包括公司型基金和契约型基金，收入型基金、成长型基金和平衡型基金，国内基金、国家基金、区域基金和国际基金，股票基金、债券基金、货币市场基金、专门基金、对冲基金和杠杆基金。

二、资本市场特点

中国资本市场特点主要有以下几种。

（一）中国直接融资的占比低

美国直接融资占比达到80%，而我国的直接融资占比一直没有大幅度的提升，前十位的券商加在一起都很难与我们四大行里面任何一家相比（见图6-11）。市场信用体系不健全、行政干预过多是主要原因。

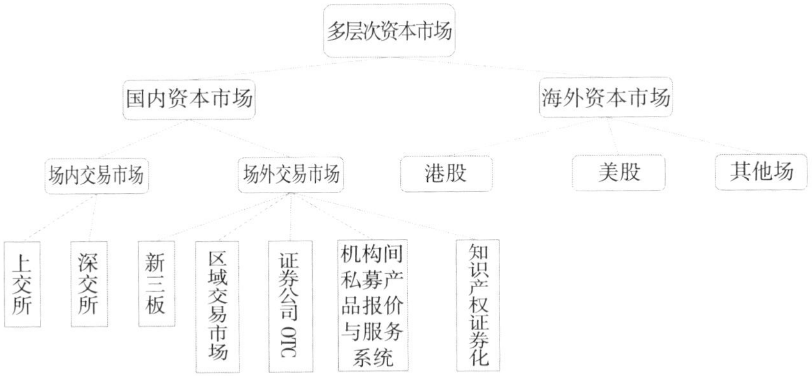

图6-10 国内外多层次资本市场构成图

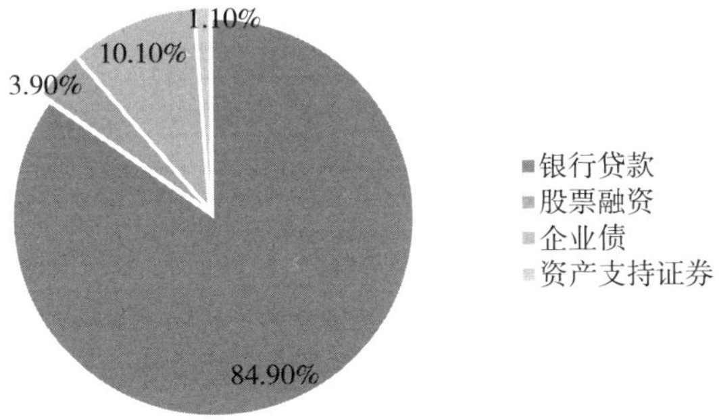

图6-11 中国非金融企业外部融资构成

（二）对外投资额逐年增高

很多机构投资者、合格投资者把资金投入了国外，甚至超出了对国内的直接投资。但是，海外投资也不安全。

（三）从牌照为王向人才为王转变

以前的金融机构，无论是银行、证券、信托，还是其他的金融业态都是依靠牌照盈利，赚取佣金。现在牌照办理门槛低了，金融专业人才成为抢手的香饽饽。

（四）证券交易所竞争力低下

交易品种和数量不够丰富。在大部分成熟市场和一些新兴市场上，证券交易所除了股票、债券等现货交易产品以外，还有大量的衍生产品及其他类型金融创新产品。相对来说，中国证券交易所市场现有交易品种较少（见表 6-4）。

表 6-4　证券交易所交易产品国际对比

产品类型	中国	德国	美国	英国	日本	印度	韩国	中国香港
本国股票	√	√	√	√	√	√	√	√
外国股票		√	√	√	√	√	√	√
国债	√	√	√	√	√	√	√	√
可转债	√	√			√			√
公司债券	√	√	√	√	√	√	√	√
资产抵押债券	√							
共同基金	√							√
房地产投资基金		√	√	√	√		√	√
ETF	√	√	√		√	√	√	√
权证	√	√	√			√	√	√
商业票据			√					
期货		√			√	√	√	√
股票期货		√				√		√
期权		√	√	√	√	√	√	√

三、资本市场现状及存在问题

经过多年的探索，中国资本市场不断发展，对于国民经济的支持作用也不断加强。近年来，经过一系列市场化改革，中国资本市场各项制度更加完善，但是，中国资本市场的整体发展水平仍然处于初级阶段：整体规模偏小，直接融资比例较低，股票、债券市场结构失衡；市场机制不够完善，市场运行效率不高；上市公司治理水平有待提高；证券公司综合竞争力较弱；投资者结构不合理，机构投资者规模偏小，发展不平衡；法律和诚信环境有待完善，监管有效性和执法效率有待提高。

存在的问题主要有以下几种。

（一）上市公司股权结构不合理

目前，在上市公司的股权结构中有国家股、法人股（这两种股权又称为公股）和公众股，有些公司还有外资股。但是，这种设计带来了很大的问题：一是它不符合同股同权、同股同利的原则。按照股份制的性质，任何一个股东的股份都应该是同股同利的。但是在我们的股权设计中，国家股、法人股的股东只有一个权利，即不卖的权利。而公众股的股东则有两个权利，即卖的权利和不卖的权利，这是同股不同权。

（二）股市供求关系不协调

股市刚出现时，由于当时上市的股票很少，而需求很旺，所以有一段时间出现了股价大幅度上升的现象。而现在的股市却相反，利好政策不断，但股市反应冷淡，有时甚至不涨反跌。除了外部环境不太理想，投资者开始不断成熟以外，股市扩容太快，导致供给过多，需求相对不足。

（三）上市公司素质参差不齐

业绩不佳的ST股票就是需要投资者特别关注的企业。有些上市公司为了在股市继续圈钱甚至弄虚作假，严重侵害了投资人利益。

（四）证券公司违规现象比较严重

低价竞争行为反映出市场有效选择机制失灵，折射出承销机构激励机制异化、信用信仰非理性、轻视执业质量、风险意识淡漠等深层次问题。因此，需要利用好资本市场的功能，推动更多的战略性新兴企业进入多层次资本市场，形成一条以科技创新为先导、以资本孵化为驱动、以行政扶持为补充的发展新路径。

第五节　风险投资

风险投资自 20 世纪 40 年代诞生以来，已经成为高新技术企业发展的助推器，它不仅为全球带来了新经济时代的曙光，而且成为牵动新经济发展的强大动力。风险投资是一种主动参与管理型的专业投资，风险投资家一般都擅长企业的经营管理，对所投资企业的行业情况以及整个市场的发展趋势都有深刻的理解。他们不仅投入风险资本，还利用他们的经验、知识和商业网络关系帮助创业家管理好风险企业。

风险投资的投资对象主要是高科技领域的具有高增长潜力的企业，资金来源于银行控股公司资本、产业资本、退休基金、捐赠基金、保险公司资本、投资银行资本、外资资本和私人资本（发达国家）。风险投资是一种权益资本，而不是借贷资本，风险投资具有高风险性、高回报性。表 6-5 显示，为什么尽管风险投资的失败率较高，但投资者仍竞相追逐风险投资项目。

表 6-5　风险投资各阶段风险和收益

生命周期阶段	持续时间（年）	成功率	风险	最低收益率
初创期	7 ~ 10	<10%	极高	50% ~ 70%
种子期	5 ~ 10	20%	高	40% ~ 60%
扩张期	3 ~ 5	50%	较高	35% ~ 50%

续表

生命周期阶段	持续时间(年)	成功率	风险	最低收益率
成熟期	2 ~ 5	90%	低	20% ~ 30%
衰退期	1 ~ 3	60%	较低	10% ~ 40%

我国的风险投资最早萌发于20世纪80年代初,1985年风险投资正式进入政策范畴,并由政府出资建立了我国第一家风险投资公司。1998年是我国经济高速增长的时期,随着投融资体制改革和金融体制改革的深化、风险投资制度的探索也获得了发展。之后我国市场的风险投资项目、投资总金额量、单笔项目的投资金额逐年呈上涨趋势,越来越多的资本进入创新创业领域,风险投资的资本规模也迅速扩张,目前我国风险投资规模已经超越美国,成为世界第一。图6-12显示2008—2018年这十年间我国风险投资的规模情况。我国风险投资的资金分布具备较强区域性和集中性特征,其中主要分布在广东、北京、浙江、上海、江苏等经济发展较快的地区等。我国风险投资的地域分布也呈现出较为严重的不均匀分布(见图6-13)。

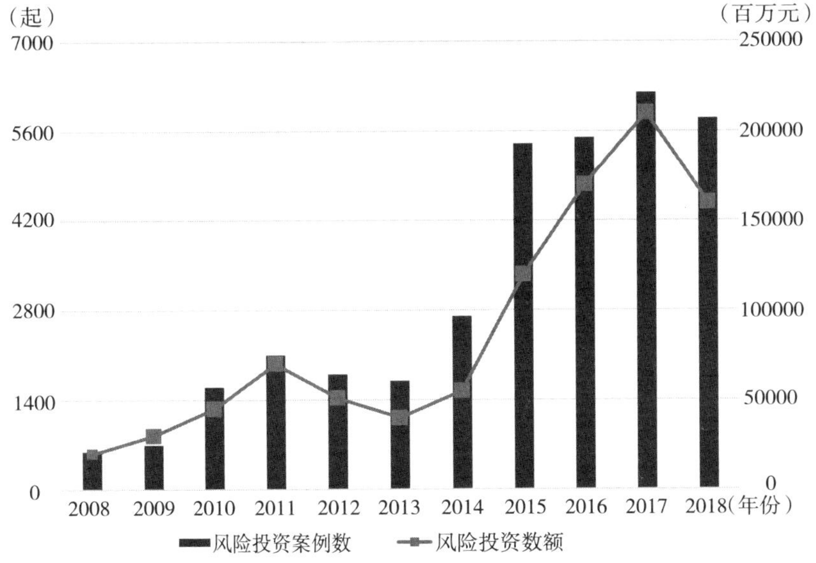

图6-12　2008—2018年风险投资规模情况

图 6-13 显示，广东省的风险投资案例数和投资额占比均位于全国首位，风险投资案例占比达到 15.38%，投资额占比达到 14.22%。排在广东省之后的是北京、浙江、江苏、上海。其中，风险投资案例北京排在广东、江苏、浙江之后，位列全国第四，投资额占比排名第二；江苏的风险投资案例数排第二，投资额排名第三。山西的投资额排名第 23，投资案例数排名第 22。综上所述，由图 6-13 可以发现，我国风险投资的地域分布不均衡，有待进一步地完善。

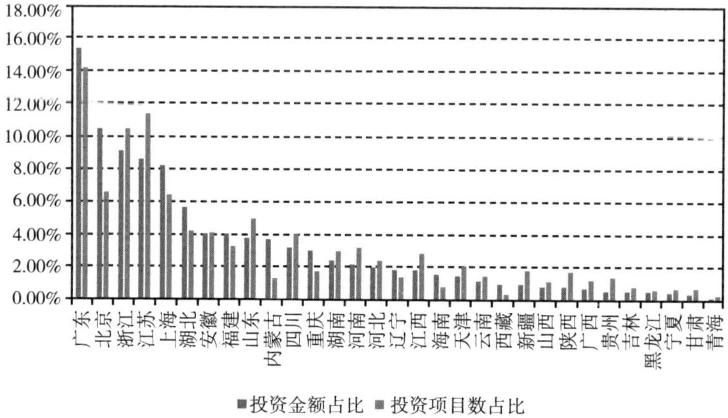

图 6-13　我国风险投资地域分布

一、风险投资支持战略性新兴产业的成长

2021 年第一季度，全球风险投资总额达到 1250 亿美元，根据 Crunchbase 的数据，这是第一个超过 1000 亿美元的季度，融资额创下历史新高。日本电气设备公司日立计划以 96 亿美元收购美国软件开发公司 GlobalLogic，字节跳动旗下游戏发行平台朝夕光年（Nuverse）以 40 亿美元收购上海视频游戏发行商沐瞳科技（Moonton）。全球有 80 家获风投支持的公司在 2021 年第一季度上市。其中 IPO 估值最高的是中国视频流媒体平台快手，还有一家是中国 RELX。2021 年第一季度，全球独角兽公司融资达 579 亿美元，几乎占融资总额的一半，比 2020 年独角兽公司融资额增加了将近 17%。

从风险投资业开始之初，历经数十年的发展，创业风险投资机构的数量呈现逐年上升的趋势，投资企业的推广助力了产业的创新与升级，因此，风险投资持战略性新兴产业的发展也备受推动。格布哈特（2002）认为，风险投资的进入会趋动企业更加合理使用资金，预算更加科学，融资更具有计划性和持续性，能够保证企业长周期的研发活动（图6-14）。冯照桢（2016）研究发现，初创型企业对自身专业领域有着较深入的认识，能够掌握发展前景，但是外部投资者很难掌握这些信息，这种信息不对称导致其不愿投资高风险项目（图6-14）。风险投资解决信息不对称机制见图6-15。钱燕（2020）指出：风险投资有效促进战略性新兴产业发展对于经济高质量发展有着重要意义。并通过实证分析结果表明，风险投资对战略性新兴产业的发展具有显著的促进作用。政府背景、专业化、联合投资对新兴产业的促进作用更为显著。在中国经济高质量发展背景下，应优化风险投资发展政策环境，重视政府背景创投引导作用，打造专业化风投机构，完善风险资本生态体系，以风险投资的进一步发展促进战略性新兴产业的发展壮大。姜永玲（2016）研究发现，风险投资的介入对于战略性新兴产业融资具有显著的正向带动作用，拥有风险投资背景的战略性新兴企业更容易获得以短期债务融资为代表的外部债务融资以及外部权益融资，而且风险投资的融资带动作用对于非国有战略性新兴企业更有效。赵玮（2015）提出：战略性新兴产业发展需要金融支持，风投偏好投资业绩良好的战略性新兴产业，风投控股对战略性新兴产业绩效具有显著的抑制作用，只有高持股比例的风投才能显著地提升战略性新兴产业业绩，而高声誉和联合投资的风投对战略性新兴产业业绩无显著影响。上田和平川（2011）通过对美国制造业进行面板数据分析，把全要素生产率列为创新指标，进行回归分析，得出全要素生产率的增长能促进风险投资发展，但是反过来却不一定成立。陈宗涵[①]认为风险投资机构在投资初创企业时由于信息的不对称性往往会借助企业的专利信号来判断其创新

① 陈宗涵．企业专利信号与企业价值评估[J].上海经济研究，2017（10）：105-114.

能力从而调整其对企业价值的评估。王骁驰(2021)指出,我国风险投资起步较晚,在发展中存在着一些问题,主要表现在法规政策的制定不完善、投资环境不成熟、缺乏专业的人才等,要加快建设配套制度、拓宽资金来源渠道、积极引进风投经验、培养专业投资人才、建立完善的投资退出机制等解决方法。田洋洋(2017)认为,风险资本作为高新技术企业发展的重要支柱,专注于投资创新性高的项目。不仅能够为创新创业型企业提供运营资金,还能参与被投资企业的后续管理,为其提供价值增值服务。

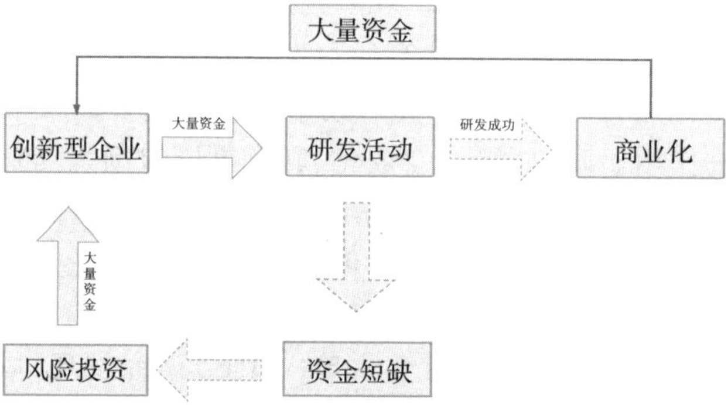

图 6-14 风险投资汇集资金机制

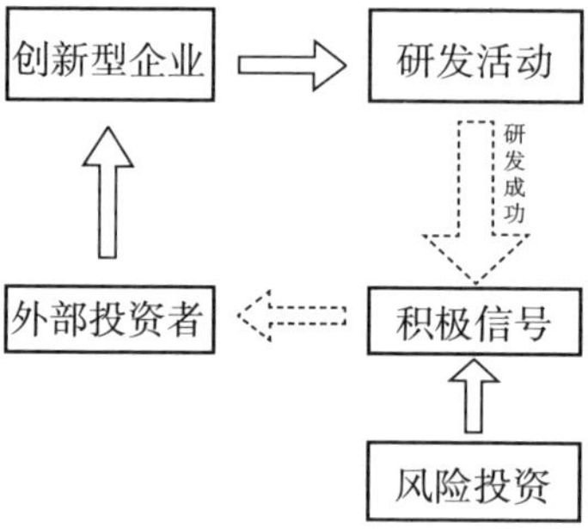

图 6-15 风险投资解决信息不对称机制

二、风险投资对战略性新兴产业的资源供给效应

风险投资是一种权益资本投资,但是其投资实质却是以投资于一个高风险、高收益的项目群,将其中成功的项目进行出售和

上市，实现所有者权益的变现为目的。通过高额的利润回报来弥补投资的支出和承担高风险的风险补偿，风险投资的高风险承担可由超出社会平均利润率的超额利润得到弥补。高新技术产业的高风险、高收益以及缩短的产品周期等内在特性与风险投资的高风险、高收益的中长期利润追求完全契合。风险投资的出现为高科技产业发展提供了一个十分适合的融资渠道，风险投资的发展为高新技术产业的发展解决了两大瓶颈问题。充足的资金、专业的管理与高科技知识的有机结合将会推动高新技术产业的高速发展，从而极大地增强我国的综合国力和国际竞争力。

我国各省、市、自治区专利申请数量的排名与风险投资的投资额排名较为匹配（见图 6-16）。其中，风险投资数额排名靠前的广东省、江西省、浙江省在专利申请数量上排名相对靠前。虽然这其中的原因需要进一步深入探究，但还是可以看出，在风险投资较为活跃的区域，创新活动也较活跃，创新产出较多。

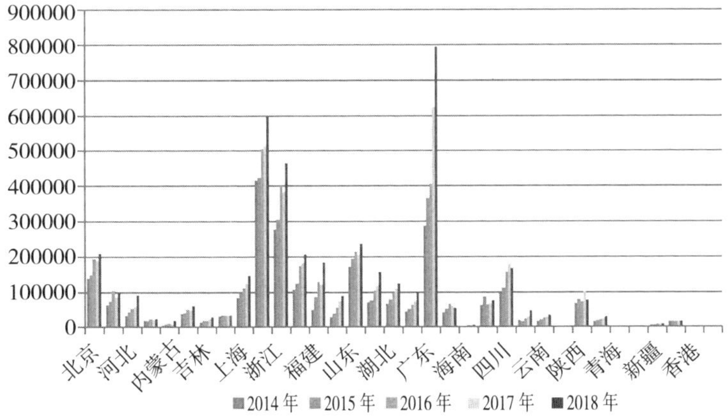

图 6-16　我国专利申请数量地域分布图

税收优惠政策是风险投资发展的"助推器"。政府应从以下三个方面制定较全面的税收优惠政策：一是完善直接税收优惠政策；二是完善税收间接优惠政策；三是把税收优惠的重点集中在高新技术的研究、开发和应用推广上，避免误导高新技术企业偏离科技研究与开发的方向。

风险投资能否成功，关键是是否具备高素质的专业人才。政府需要从以下几个方面来调动风险投资家和管理者的积极性和创造性：一是建立合理的人才流动机制；二是积极开展与国外风险投资机构的合作，引进和学习先进的风险投资管理技术；三是建立有效的激励机制，吸引和鼓励高级人才从事风险投资事业。这些专业人才能够根据市场发展方向、竞争对手的潜在威胁、环境抵抗能力等多方面来评估和把握被投资企业中存在的潜在风险，进行风险投资决策。布鲁诺等人（1984）通过因素分析法得出了风险项目评价模型（见图 6-17）。

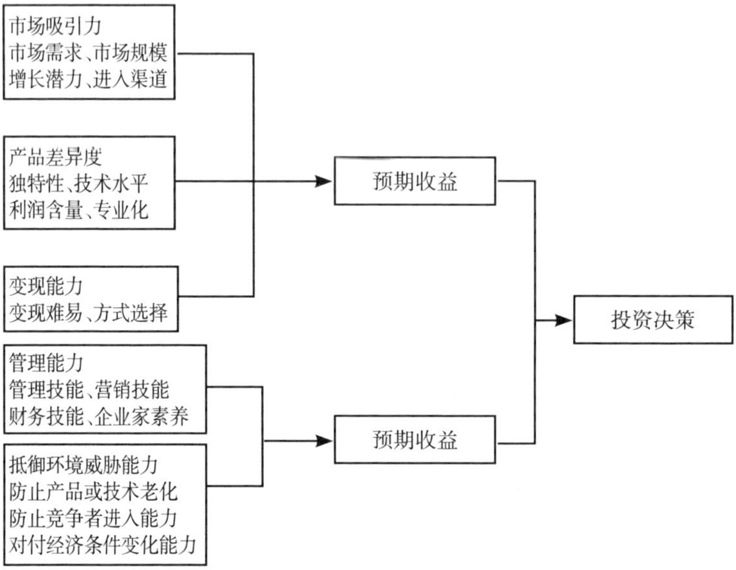

图 6-17　风险投资项目评价决策过程模型

第七章

第七章　战略性新兴产业金融支持国际借鉴

新冠肺炎疫情下各国对疫情危机的应对，对世界经济格局产生了不同的影响。尽管各国均采取了扩张性的财政政策以对冲疫情的不利影响，但财政刺激力度上不同。无论从直接支出的规模来看，还是从刺激额度占GDP的比重来看，德国财政政策力度都显著高于其他国家。我国在病情突发后采取了严格的控制措施，给全世界树立了榜样。同时，我国的战略性新兴产业也在复苏。无论什么时期，对战略性新兴产业进行金融支持都是促进其快速有效发展的一个重要手段。不同的国家对其新兴企业的支持形成了不同的模式，有市场主导型、有私人企业自有资金支持型、资本市场募集型。

英美两国奉行把自主权交给市场。美国的金融机构体系由联邦储备银行、商业银行和其他金融机构和在美国的外国银行构成。英国的金融机构体系是以中央银行为核心的典型的金融体系。日本的金融机构体系比欧美的复杂。英美元融对新兴产业的支持强调市场贡献力量占据主导地位，而政府起辅助角色，在市场导向的基础上，政府才会出手进行支持，以国家产业政策的方式实施力度不大。

日本银行是日本的中央银行，其商业银行包括都市银行和地方银行。日本战略性新兴产业的支持主要是以银行为主导型的产融结合模式。在这种模式下，日本政府出台政策把民间资金投向支持战略性新兴产业的发展。对战略性新兴产业的支持模式的深刻研究，将会对我国战略性产业的发展起到深刻的作用。

第一节　国际上发达国家金融支持

近年来，日本在战略性新兴产业发展方面积累了丰富的经验。2021 年日本经济产业省发布了《绿色增长战略》，确定了日本到 2050 年实现碳中和目标，构建"零碳社会"，以此来促进日本经济的持续复苏，预计到 2050 年该战略每年将为日本创造近 2 万亿美元的经济增长。为了落实上述战略目标，战略针对包括海上风电、燃料电池、氢能等在内的 14 个产业提出了具体的发展目标和重点发展任务。一是到 2030 年安装 10 吉瓦海上风电装机容量，到 2040 年达到 30 ～ 45 吉瓦，同时在 2030—2035 年将海上风电成本削减至 8 ～ 9 日元 / 千瓦时；到 2040 年风电设备零部件的国内采购率提升到 60%。二是计划到 2030 年，实现氨作为混合燃料在火力发电厂的使用率达到 20%，并在东南亚市场进行市场开发，计划吸引 5000 亿日元投资；到 2050 年实现纯氨燃料发电。三是到 2030 年将年度氢能供应量增加到 300 万吨，到 2050 年达到 2000 万吨。力争在发电和交通运输等领域将氢能成本降低到 30 日元 / 立方米，到 2050 年降至 20 日元 / 立方米。四是到 2030 年争取成为小型模块化反应堆（SMR）全球主要供应商，到 2050 年将相关业务拓展到全球主要的市场地区（包括亚洲、非洲、东欧等）；到 2050 年将利用高温气冷堆过程将制氢的成本降至 12 日元 / 立方米；在 2040—2050 年开展聚变示范堆建造和运行。五是到 21 世纪 30 年代中期时，实现新车销量全部转变为纯电动汽车（EV）和混合动力汽车（HV）的目标，实现汽车全生命周期的碳中和目标；到 2050 年将替代燃料的经济性降到比传统燃油车价格还低的水平。六是将数据中心市场规模从

2019 年的 1.5 万亿日元提升到 2030 年的 3.3 万亿日元，届时实现将数据中心的能耗降低 30%；到 2030 年半导体市场规模扩大到 1.7 万亿日元；2040 年实现半导体和通信产业的碳中和目标。

一、日本的关系型金融支持

日本超过 85% 的企业经常向金融机构借款，它们的资金主要是来自金融机构的贷款和内部准备金。在国际国内金融危机后，许多企业不能按时还款，日本政府实施《融资便利法》继续为企业贷款，解决了企业生存的危机。

日本促进新兴企业融资的政策性金融机构有三个：日本政策金融公库（JFC）、日本信用担保协会（CGC）和日本商工中金银行股份有限公司（SHOKO CHUKIN）（见图 7-1）。

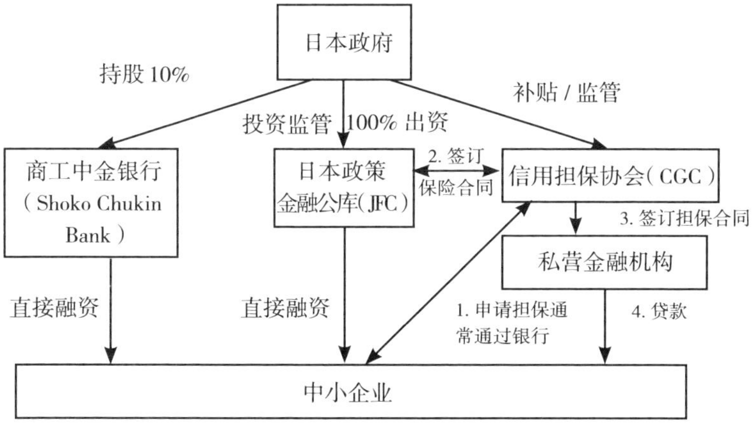

图 7-1　日本企业政策金融框架

日本战后在产业政策中金融支持的实施表现为由政府主导的政策性引导民间资金流入战略性新兴产业。日本从 1998 年起对购置清洁能源乘用车（包括混合动力汽车）进行补贴（CEV 补助金）。政府设立下一代汽车促进中心（NeV），搭建车辆补贴信息平台。2015 年起，补贴对象范围缩减为 BEV、PHEV、FCEV 和 CDV。日本政府每年对补贴政策进行评估，决议下一年是否调整政策。2019—2020 年，BEV 单车补贴额达到 40 万日元，PHEV

单车定额补贴达到20万日元，FCEV补贴额度达到了225万日元（见表7-1）。

表7-1　2019—2020CEV补助金补贴标准

类型	补贴方式及关键参数	补贴标准
BEV	按纯电续驶里程补贴	普通车：2000日元/千米(纯电里程为200千米)，小型车：1000日元/千米；最高40万日元
PHEV	定额补贴（纯电续驶里程≥40千米）	20万日元
FCEV	按差额补贴	（车价－同类基础车价）×2/3，最高225万日元

数据来源：日本“下一代汽车促进中心”。

日本是典型的社团市场经济国家。日本的政策性融资体系注重社会力量参与，组织符合条件的非营利组织参与中小企业支助机构体系，被称为关系型的金融支持模式（商会、协会帮助体系）。日本地方政府为企业和非营利组织设立的企业服务中心提供一定财政补贴，服务中心派专员为所有会员企业提供免费管理咨询服务，这种支持模式只对成熟项目提供资金支持，以银行等金融机构的贷款为主（见图7-2）。日本政府还通过政策性金融机构、信用担保机构为新兴产业提供资金，并通过信用担保机构为民间银行信贷提供担保。

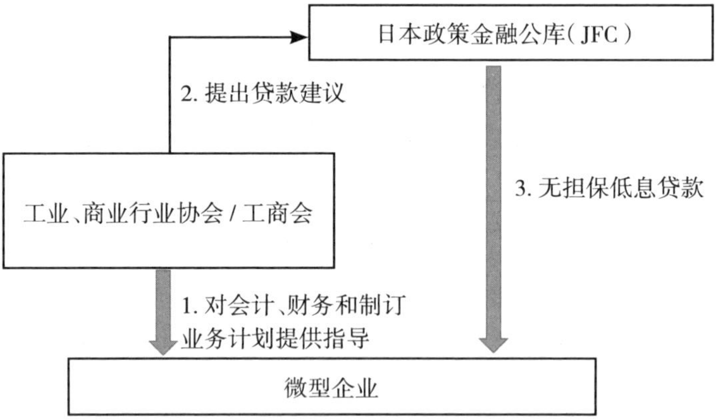

图7-2　日本商会、协会在中小企业融资中的作用

在银行主导型产融结合模式下，企业与银行联系紧密，同时由政府出面对利率进行管制，使得企业贷款的成本大大降低。日本金融支持模式最主要的特点就是主办银行与战略性新兴产业

企业之间交叉持股。这样银行就可以利用交叉持股对企业进行长期的监督和控制。日本政府还通过为银行分担部分信贷风险的方式对中小企业外部效应成本耗费进行合理补偿。日本银行主导型产融模式的优点是按照政府的指令集中调度资金,即使企业陷入财务危机,在政府政策的引导下,主办银行也会立即采取救助行动,避免关系企业的破产清算。

日本在大力推广新能源汽车方面,第一,提倡节约能源资源,保护自然环境,大力推广新能源汽车,同时利用建立完善的二手车交易市场解除了新能源汽车的后顾之忧,加快了新能源汽车普及的步伐(见表 7-2);第二,为了防止发生道路交通事故和人口集中问题,建立了完善的安全保障体系;第三,利用现代信息技术把汽车与所在城市体系连接在一起,实现了综合管理,这种运行模式与日本的国情相契合。日本在制定新能源汽车扶持政策时首先进行了深入的市场调查工作,以实现新能源汽车生产与普及为主要目标,鼓励社会成员共同参与,这种管理模式为我国制定新能源汽车优惠政策提供了较大的借鉴。

表 7-2 日本节能和再生能源市场规模

年份(年)	再生节能能源设施		节能及能源管理	
	市场规模(亿日元)	就业规模(人)	市场规模(亿日元)	就业规模(人)
1997	1690	6302	7560	12619
2000	1634	5799	7274	13061
2010	9293	30449	48829	160806
2020	9293	28581	78684	231701

日本金融支持战略性新兴产业的措施有多种。一是以法律规范和立法的方式保护新兴产业发展。日本仿照美国的模式制定颁布了一系列有关新兴产业的法律法规,但其法律法规比美国制定的更完备、更具有操作性,形成了极具日本特色的、相对独立、完备的企业法律保障体系。日本政府从财政预算中拿出大量资金,建立了一批自上而下、官助民办、官办民营、官民协办的遍及全国的管理机构网络,主要作用是对战略性新兴产业提供全方位的支持。二是贷款上的优惠。日本政府通过政策性银行为

战略性新兴产业提供优惠贷款，还实施了“经营稳定对策借贷制度”，防止信贷紧缩导致企业倒闭和结构性倒闭。政府还全额出资建立了中小企业信用保险公库，对担保协会进行再担保。这些举措实实在在给新兴企业贷款提供了实惠。三是风险投资市场数量大幅增加。日本的风险投资家大多数出身于银行或证券公司，有大量的资金可供其投资，目的只是为风险企业提供长期资金而已。同时，专门为新兴企业设立税收优惠制度，给新兴企业减轻税负。四是设立风险担保基金。日本的中央担保基金由中央财政负责，对政府担保基金提供再担保；地方担保基金则由地方负责，对战略性新兴企业提供担保。例如，在美国的分支机构丰田研究院投资1亿美元，成立风险投资基金支持人工智能、自动驾驶等领域的新创企业；日本的德清县成立的科技企业创业投资风险基金，以奖励的方式鼓励企业进行技术创新。

二、美国的距离型金融支持

美国的金融市场体系比较发达，包括两个部分：其一联邦储备系统是由联邦储备委员会、联邦储备银行、会员银行组成。联邦储备委员会是联邦储备系统的最高决策机构，有权独立制定和执行货币政策。其二商业银行分为两大类，一类是资金实力雄厚的国民银行，另一类是规模不大的州立银行。美国金融机构体系具有如下特点：商业银行的双轨注册制度，独特的单一银行制度，银行持股公司的大量存在，金融监管机构的多元化。

对于新兴企业来说，开发的主要资金来自企业所有者的自有资金，不足才从资本市场募集，美国政府不参与企业的投资，所以也把这种模式称为市场导向型的金融体系。在金融支持战略性企业模式的选择上，认为市场贡献力量占据主导地位，政府起着服务功能的配角，政府的金融支持方式大多建立在市场导向的基础上，往往没有以明确的产业政策的方式加以实施。但是，这并不是说政府不作为。自20世纪80年代后，体现在战略性新兴主导产业的发展、中小企业的扶持、产业组织的合理化等方面，相关金融组合支持发挥了重要的作用。例如，2008年，时任总统布什签署了总额为250亿美元的“高科技车辆制造激励计划”，为先进汽车制造商提供低息贷款，并对汽车商进行严格的审批；2009年2月，美国政府提出了总额7870亿美元的经济刺激计划，其中有1200亿美元用于支持高科技产业。同年4月，奥巴马总统在美国国家科学院年会上进一步提出，要把研发投入提高到GDP的3%这一历史最高水平，力图在新能源、生物与医药、信息与互联网、航天航空等战略性领域的技术开发和产业发展上取得突破。

美国通过完善的资本市场间接影响产业资本，从而达到投资者通过证券交易、兼并、接管机制来间接控制产业资本的效果。此外，美国还形成了特有的新兴产业金融支持模式，包括以下几点：政府在融资体系中起着正向的政策导向作用，具有比较健全的高新技术企业融资体系，而且对部分高新技术企业实行关系型融资模式，风险投资、纳斯达克市场、场外交易市场、债券市场、共同基金等构成美国新兴产业金融支持的核心内容。

美国的金融市场体系比较发达。一是信贷市场。低息贷款是经常被采用的支持方式，这种贷款有着明显的政策性，是政府为支持某一产业或行业而提供的贷款优惠措施，前面已论述。值得借鉴的还有美国为支持中小企业的发展专门成立的中小企业局，作为一个政府直接参与中小企业融资的途径，为中小企业发放贷款。贷款的方式有三种：可以由中小企业局向中小企业全额发放贷款；也可以由中小企业局和银行协调贷款，即共同为企业提供贷款；银行为中小企业提供全额贷款，中小企业局为企业提供90%的担保。这三种方式的利率水平均低于市场利率，这大大支持了中小企业的有序发展。美国银行市场化的运作方式也为其提供了更加便捷的融资渠道。比如，美国的硅谷银行，硅谷银行是专门为风险投资提供贷款和投资的银行，这些风险投资再投向新兴产业。硅谷银行大多关注的是科技领域。很多企业想找风险投资都首先找到硅谷银行。这为战略性新兴产业融资提供了间接而有效的渠道。二是创业投资引导基金。通过政府引导基金，以参股、跟投、担保、补助等方式撬动社会资本并引导私募基金投向需要支持的中小企业，有效弥补市场失灵带来的效率损失，从而提高社会整体福利。近些年，美国政府每年大数额投资推动清洁技术从研发走向商业化，甚至从军事研究预算中每年拿出一定的金额从事通信、计算机网络、生物等民用产业的研发。这些都对社会资金有着很强的引导作用，为新兴产业广泛吸收社会资金提供了一定程度的保障。三是健全交易机制融通资金。“能源新政”的一个重要内容就是在整个经济体内，建立碳排放额度的拍卖和交易机制；美国可再生能源使用标准（RPS 规定了每个州可再生能源取得的比例）的实施细则规定了绿色证书制度，该制度规定合格新能源厂商每生产 1 千瓦时电量就可得到一份绿色证书，这种证书可以通过市场交易实现其价值（每份 1.5 美分），或者可以通过存入银行的方式实现融资。政府的能源政策，在化石能源生产与出口、能源安全方面均取得了一定成效，但这种“美国优先”和“赚快钱”的能源政策，加剧了世界能源市场供应过剩，同时也加速改变了现有国际能源格局和能源地缘政治，更对全球气候环境造成了不可估量的破坏。四是风险投资市场。这是美国金融市场最显著的特征。风险投资市场是美国资本市场的亮点，有着“官助民营”的特点，政府只是提供政策上的支持和鼓励，如完善相应的法律法规，创造宽松稳定的发展环境，政府很少干预风险投资市场，这种运作方式是在资本市场发展成熟的环境中进行的。美国的风险投资切实为新兴企业融资解决了难题。2020 年，美国风险投资行业的募资活动迎来强劲的一年。2020 年第一季度的募资活动的确非常活跃，筹集了超 200 亿美元。截至 2020 年一季度，大约有 12 家规模在 5 亿美元以上的基金已经完成募资，同时，有 50 多只未完成募资的基金，还在寻求总额超过 2.5 亿美元的资金。同时，超大型风险投资基金（Mega-funds）占了所有流入风险投资基金的资金规模的一半。这印证了我们在过去十年中看到的明显模式转变，即风投已经从私募市场的小众部分，变成了每年投资 1000 亿美元的投资策略。这也推动基金的平均规模，以及头部 25% 的基金规模分别比 2019 年底的数字高 99.6% 和 92.3%——这是在已经很高的水平上，再次取得的显著成绩（见图 7-3）。

美国的风险投资业的繁荣不仅得益于美国发达的科技，更依赖相关法律制度的成熟与完善。美国的法律制度从风险资本的来源、风险资本的运营效率，以及风险资本的退出等各方面为风险投资的成功提供了保障。风险投资家要通过风险投资机构来对创业企业进行投资。在美国,风险投资机构所选择采用的主要组织形式是有限合伙。风险投资家是有限合伙的普通合伙人,负责有限合伙事务的管理,并以其自身的资产对有限合伙承担无限责任。美国的风险投资机构之所以大多采用有限合伙制,是因为与公司和普通合伙相比,有限合伙具有以下更多的优势:有限合伙并不被当作独立实体而向其征税,其利润都分配给合伙人,只由合伙人缴纳个人所得税,这样就避免了双重税负。除了主板市场外,美国还拥有成熟的为新兴企业融资的第二板市场和第三板市场,特别是纳斯达克市场,不仅为新兴企业提供了很好的融资渠道,还为风险投资进入和退出新兴产业提供了途径。

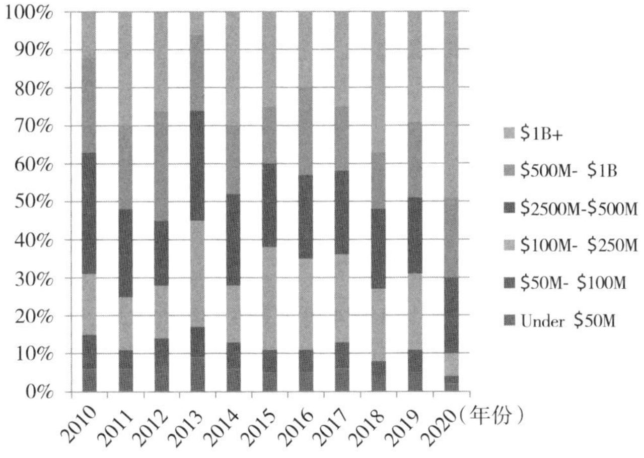

图 7-3　2010-2020 年美国风险投资年度数据

三、欧盟对战略性新兴产业的金融支持

金融危机之后,欧盟各国深刻感受到欧债危机的威胁,在动荡不安的国际环境下,产业升级的呼声越来越高,发展壮大新兴产业已经成为欧盟各成员国的必然选择。

(一)欧盟重点支持低碳经济和物联网技术

在应对气候变化方面,欧盟一直是积极的倡导者,欧盟低碳经济的起步相对较早。《世界能源展望特别报告》(*World Energy Outlook Special Report*)发现,欧盟 2019 年的温室气体排放量比 1990 年减少了 23%,这意味着欧盟已经实现了到 2020 年温室气体排放量减少 20% 的目标。专家们分析,欧盟目前温室气体排放量的下降,很大程度上是由于可再生能源发电的增长。

(二)欧盟对战略性新兴产业的金融支持

1. 信贷市场支持战略性新兴产业

欧盟在对战略性新兴产业的金融支持中最主要的就是设立了专门的机构——欧洲投资银行。欧洲投资银行主要为创新型企业提供优惠贷款。2018 年 3 月,欧洲复兴开发银行(EBRD)、国际金融公司(IFC)和欧洲投资银行(EIB)承诺向全球最大的绿色债券基金 Amundi Planet 投资 4.25 亿美元,三家多边机构将分别认购 6850 万美元、2.56 亿美元和 1 亿美元。该基金将投资新兴市场金融机构发行的绿色债券,支持新兴市场绿色债券发展。欧洲投资银行 2016 年还对我国林业局的珍稀优质用材林项目提供了贷款。

欧洲投资基金成立于 1994 年,是欧盟所属机构之一,总部设于卢森堡,通过股权投资方式支持高成长性中小企业发展,欧洲投资银行是该基金最大股东。2018 年 9 月,欧洲投资基金在以色列海滨城市特拉维夫宣布,投资 2000 万美元用于支持以色列高技术初创企业发展。2019 年 11 月,欧盟委员会(European Commission)和欧洲投资基金(European Investment Fund, EIF)宣布,已成立一个新的区块链和人工智能(AI)创新基金。新基金的设立是为了防止欧盟落后于美国和中国等国家,以及为了加强欧洲作为区块链和 AI 开发站点的地位。根据新的投资计划,该基金将从风险资本基金或支持“基于人工智能和区块链的产品和服务”的其他投资者那里获取 1 亿欧元。

2. 创新投资基金

2009 年 7 月,英国公布《低碳转型发展规划》,并于 2010 年 1 月、2 月相继设立了共 3.25 亿英镑的创新投资基金,分别投资于低碳清洁技术和生命科学、先进制造和数字产业；法国政府成立了200亿欧元的“战略投资基金”来发展战略性新兴产业。

3. 风险投资

欧盟的风险投资虽然没有美国那样成功，但是其发展也有值得借鉴之处。2011年12月，欧盟9家风险投资公司签署了一份备忘录，决定在2013年成立名为“泛欧基金”的风险投资基金，用来扶持创新型中小企业，这种基金模式为风险投资公司实现跨国投资提供了渠道。

第二节　我国战略性新兴产业金融支持现状

《“十三五”国家战略性新兴产业发展规划》发布实施以来，战略性新兴产业不断取得新进展。战略性新兴产业规模加大，创新能力和竞争实力持续提升，产业结构优化成效突出。但同时也存在诸如关键核心技术缺乏、金融人才支撑体系不完善等问题。“十四五”开局需继续加大改革力度，加强各部门协同合作，全力提升我国战略性新兴产业自主创新能力、强化金融及人才支持，推动全面完成“十四五”规划纲要中发展壮大战略性新兴产业提出的目标任务。

一、产业发展成绩亮眼

（一）总体发展势头强劲

1. 发展速度快

“十四五”开局之年，全国各地区都在加快战略性新兴产业的建设发展。安徽、湖南、湖北、山东、云南等省份明确发展新材料、生物医药等产业，加快培育世界级战略性新兴产业集群，同时一些成熟地区的千万级财政资金、千亿级基金等多路新增资金正加速向新兴产业集结。2021年山西省政府工作报告指出，山西省经济社会发展要实现的主要目标是基本建成战略性新兴产业集群，规上工业企业数量突破1万家，战略性新兴产业增加值占GDP比重力争达到全国平均水平数。从全国来看，新兴产业发展势头良好，规模以上战略性新兴服务业、高技术服务业和科技服务业营业收入增速都达到了12%。“十三五”以来，战略性新兴产业总体实现持续快速增长，经济增长新动能作用不断增强，龙头企业不断涌现。据国家信息中心的统计数据显示，2019年中国战略性新兴产业企业在世界500强榜单中占有29个席位，数量较2015年增加11个。在上市公司方面，社会资金对于我国战略性新兴产业企业保持了较高投资信心，持续加大资金投入力度。2016—2019年，共有480家战略性新兴产业企业在A股融资上市（见图7-4）。

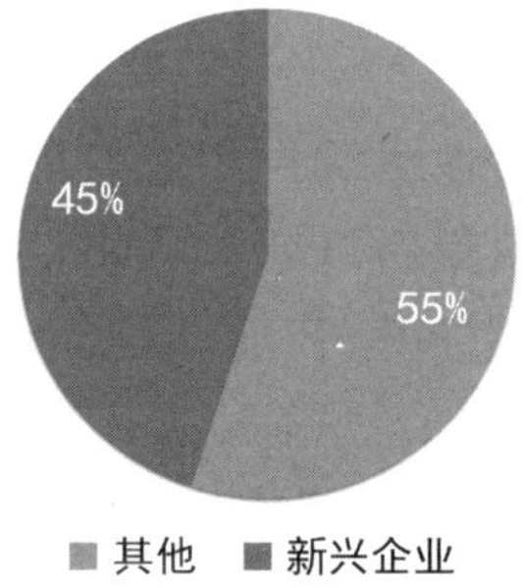

图7-4　2016—2019年中国A股融资上市公司产业结构

2. 盈利状况好

战略性新兴产业发展效益持续提升。2020年全年机械工业增加值增速同比增长6%，战略性新兴产业上市公司平均利润率达到7.2%。2019年以来，在总体经济利润状况不佳的背景下，战略性新兴产业上市公司利润率达到5.9%，仍处于较高水平。

3. 投资活力高

社会资金对我国战略性新兴产业企业保持了较高投资信心，持续加大资金投入力度。新一代信息技术产业格局面临深度调整，数据成为新的生产要素，数字经济成为经济增长重要力量；数字创意内容生产和消费正在逐步走向全球化，5G、VR、人工智能等技术的发展将赋予数字创意经济更大活力。截至2019年末，国家新兴产业创业投资引导基金募资总额近760亿元，参股设立基金总规模近 2000 亿元，支持创业企业数量超过 5000 家。

4. 企业信心足

2021 年是中国实施“十四五”规划、开启全面建成社会主义现代化国家新征程的第一年，我国战略性新兴产业将持续发挥在科技创新中的主体作用，站在价值链的顶端，引领中国经济走向新的发展阶段。2021 年粤港澳大湾区战略性新兴产业领航企业 50 强的评选，更是激发了企业满足市场需求、实现科技自立自强、推动国家战略的使命的决心。

（二）重点产业全面发展

1. 新一代信息技术和生物产业进一步巩固地位

新一代信息技术和生物产业在 2021 年继续投资扩产，很少有现金流断裂危机且研发费用率占比较高。机构投资者看好新一代信息技术产业的发展，将会给予更大力度的投资。生物产业技术发展日渐成熟，应用转化加速，正进入快速发展期，将逐步成为世界经济的主导产业之一。新一代信息技术在发展前沿技术基础上，聚焦大数据、云计算、物联网等领域核心基础，通过融合进一步壮大产业规模，培育面向人工智能基础软硬件的智能产业。2019 年 12 月，规模以上电子信息制造业增加值同比增长 11.6%，增速比上年提升 1.1 个百分点。截至 2020 年 12 月，我国的网民总体规模已占全球网民的五分之一左右。其中，我国手机网民规模 9.86 亿，较 2020 年 3 月新增手机网民 8885 万，网民中使用手机上网的比例为 99.7%。未成年人、“银发”老人群体陆续“触网”，构成了多元庞大的数字社会。

国家统计局统计，2015—2020 年中国规模以上医药制造业营业收入持续增长，2020 年该数值达到了 2.49 万亿元，增速约为 4.5%，较 2020 年中国 GDP 增速（2.3%）高出 2.2 个百分点。（注：营业收入下降但增速保持正值的原因为可比口径不同。）受经济快速增长、人口老龄化加剧、生活方式转变的影响，公共卫生投资持续加大，全国医疗保险覆盖面持续增大，中国一次性医疗器械行业未来市场规模巨大。2019 年，我国一次性医疗器械市场规模达2102亿元，预计2021年我国一次性医疗器械市场规模将达到2941亿元。

2. 绿色低碳和数字创意产业增长新引擎作用突出

2012—2019年，全国从事节能服务业务的企业数量逐年上升，但增速缓慢。根据中国节能协会发布的《2019节能服务产业发展报告》，截至2019年底，全国从事节能服务的企业有6547家，较上年增加108家，年增长率为1.7%，增长率较2018年降低3.2个百分点。2021年4月，海天股份（603759）与民生银行成都分行签署全面战略合作协议，双方将着力国家“3060碳中和目标”重点领域，融入绿色低碳产业投资发展，深圳2021年出台绿色低碳产业扶持计划，并以资金资助的形式投放到深圳罗湖区软科学研究项目申报中。

伴随着节能环保政策的加快推进落实，绿色低碳产业继续实现快速增长，2016—2017年，合同能源管理项目形成年节能能力3812.3万吨标准煤，较2016年增长6.5%，相应形成年减排CO_2能力超过1亿吨。2017年废旧资源综合利用业主营业务收入达4061.3亿元，同比增长16.9%，比2016年提升10.4个百分点。

“十三五”以来，新能源发电替代成效显著。目前国家能源局已经提出了“2021年我国风电、太阳能发电合计新增1.2亿千瓦”的目标。该消息也得到了国家能源局相关人士的证实。这标志着我国新能源行业年度新增装机规划将首次突破1亿千瓦。2020年5月广东省出台培育新能源产业集群行动计划，涉及核电、风电、太阳能、生物质能、智能电网等领域。通过此次行动计划的实施达到扩大产业规模、提升创新能力、完善基础设施、强化产业协同的目的。重点是有序推动新能源开发、加强关键技术攻关。

移动互联网与数字技术的快速发展驱动数字创意产业爆发式增长。2020年制订培育数字创意产业集群行动计划征求意见，重点任务是推进游戏动漫产业发展、深化数字创意整合服务、推动直播、短视频优质发展。

2020年我国数字音乐市场规模达到164.5亿元。随着音乐版权制度的形成，国内音乐正版化的发展和原创音乐的不断涌现，我国数字音乐付费用户不断增长，2019 年我国音乐付费用户达到 4752 万人。版权运营收入也不断提升。2019 年，版权运营收入占比已达 21.7%。我国网络文学用户规模达 4.60 亿，占网民整体的 46.5%。2019 年中国云游戏市场规模为 22.4 亿元，2020 年大约为 68.0 亿元，未来三年预计年复合增长率超过 100%，到 2023 年云游戏市场规模预计达 986.4 亿元，同比增加 129.6%，接近千亿市场规模，商业化前景广阔。2020 年第四季度显示，中国可穿戴设备出货量是 3026 万台，同比增长 7%，排在前五位置的分别是华为、小米、苹果、OPPO、步步高。榜首华为共出货 676.1 万台，市场份额占比 22.3%，同比增长 9.4%；小米品牌出货量是 590.4 万台，市场份额为 19.5%，同比下降 11.2%。

3. 高端装备制造产业继续保持平稳较快增长

我国“十四五”时期将大力培育和发展高端装备制造业，实现由制造业大国向强国转变。2020 年中国制造业企业 500 强营业收入总额为 37.42 万亿元，较上年增长为 7.16%；资产规模总额为 39.19 万亿元，较上年增长 7.46%；入围门槛持续上涨，首次突破百亿元，为 100.7 亿元；共实现归属母公司利润 9751.16 亿元，较上年下降 0.16%。信息技术与先进制造技术高速发展，智能制造装备产业体系初步形成，重大智能制造装备实现突破，这都表明了我国高端装备制造产业呈平稳快速发展趋势。

（三）区域发展各具特色

1. 东部地区持续领头羊地位

从上市公司营收数据看，东部地区战略性新兴产业体量占总营收规模的八成左右，是绝对的主体。2020 年东部地区增长强劲，行业景气指数上涨至 148.6，较上季度环比增长了 23.1%，已经明显高于 2019 年第四季度的水平。其中，浙江省 2020 年前三季度新增 IPO 境内上市公司 43 家，占全国的 4.58%，募集资金 266.80 亿元；广东省 2020 年全年新增境内上市公司 60 家，首发募集资金 492 亿元。2020 年第四季度，东部、中部、西部和东北地区就业市场景气指数呈现依次递减趋势，2017 年第四季度东部地区行业景气指数达到 160.9（见图 7-5）。受新冠肺炎疫情影响，2020 年行业景气指数为 148.6。

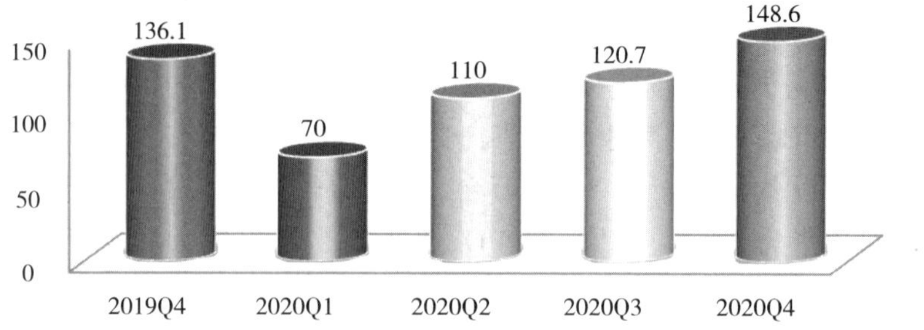

图 7-5　2019—2020 年东部地区战略性新兴产业行业景气指数变化

“十三五”以来，深圳国家级高新技术企业增长迅速，由 2015 年底的 4739 家增加到 2019 年底的 1.7 万余家，仅 2019 年就新增 2500 多家。随着高新技术企业的成长，深圳在国际市场的竞争能力也逐步增强。2018 年的 CES（al Consumer Electronics Show，即国际消费类电子产品展览会），来自深圳的参展企业有近 500 家，是参展数量最多的地区。2020 年，北京市规模以上工业中，高技术制造业和战略性新兴产业增加值全年增长接近 10%，工业机器人、集成电路等高技术产品产量也有大幅提高。作为全国人工智能发展的领头羊，北京已经在十多个人工智能发展领域领跑全国，并在全球具有影响力。

2. 中部地区异军突起

中部六省河南、湖北、湖南、安徽、江西、山西近几年的经济总量逐年提升，这离不开战略性新兴企业的贡献，尤其是山西经济由“疲”转“兴”直接提高了中部地区经济占全国经济比重的权重。在这六省之中，河南的龙头地位已基本奠定，湖北和湖南经济体量相当，安徽近年来的发展不可小觑，江西近年来的高速增长引人注目，山西从 2017 年开始经济增长开始步入合理区间。2016-2017 年中部地区战略性新兴产业上市公司营收年均增速达到 27.5%（见图 7-6），中部地区战略性新战略性新兴产业行业景气指数 2020 年第四季度指数达到 149（见图 7-7）。

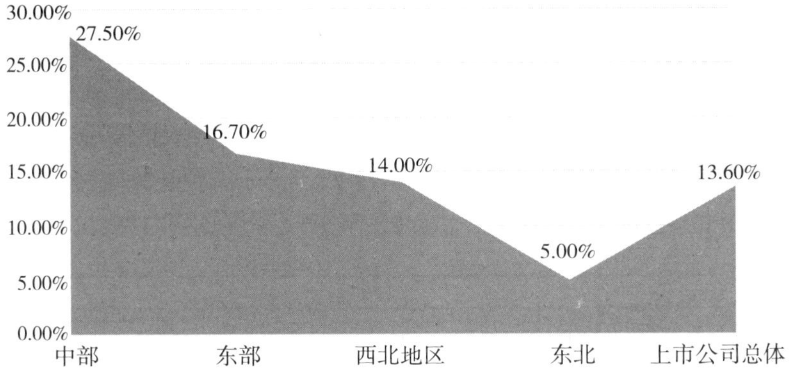

图 7-6　战略性新兴产业上市公司营收年均增速（分地区）

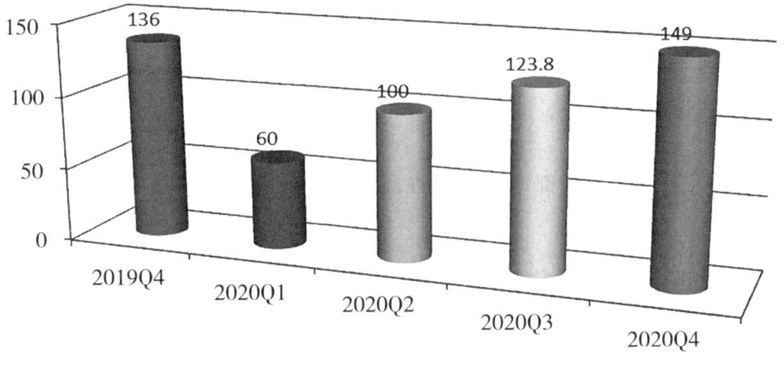

图 7-7　中部地区战略性新兴产业行业景气指数变化

至 2020 年 12 月 31 日，合肥“中国声谷”已集聚人工智能相关企业 1024 户，营业收入 1060 亿元，成功实现“双千目标”。“十四五”期间，推动中国声谷朝年收入 3000 亿 ~ 5000 亿元的目标迈进。截至 2020 年 7 月 31 日，讯飞开放平台已聚集超过 138.9 万支开发者团队，总应用数超过 86.7 万，累计覆盖终端用户数超过 29.2 亿。

3. 西部地区稳健前行

2021 年 1 月国家发展改革委发布《西部地区鼓励类产业目录（2020 年本）》，目录重点支持科技自立自强，促进产业有序向西转移，鼓励西部地区更好发挥特色优势，支持西部地区补短板、强弱项，目录对西部地区发展方式、优化经济结构、转换增长动力提出了要求。2017 年第四季度西部地区行业景气指数达到 142.8 的最高点（见图 7-8），2020 年第四季度达到 122.1。

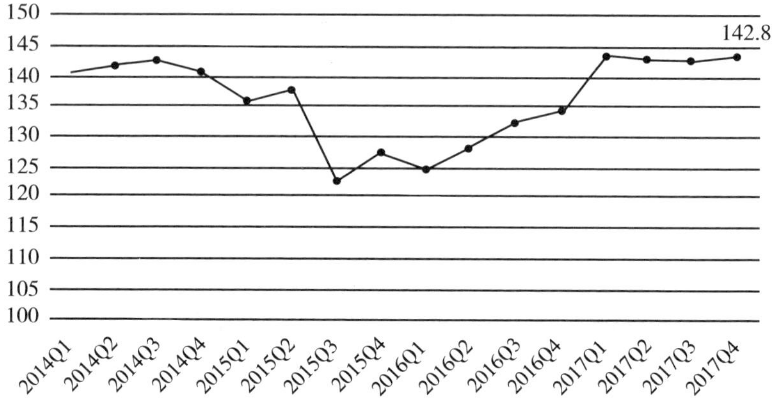

图 7-8　西部地区战略性新兴产业行业景气指数变化

二、创新体系强化升级

（一）激活创新发展源头

“十四五”时期，战略性新兴产业创新发展重点在于推进智能制造、绿色制造、服务制造，完善产研合作、集成创新，大力支持开展技术研发成果转化，形成具有国际竞争力的现代产业科技创新体系。要牢固树立绿色经济、低碳经济，大力推广应用绿色开发技术，全面提升人民群众幸福指数，让老百姓在绿色生态环境中活得舒心。

（二）完善创新平台布局

通过前瞻产业研究院整理的国家工程技术研究中心名单数

据可以看出，我国国家工程技术研究中心领域主要集中在材料、先进制造、生物技术与人口健康及信息通信与空间遥感等领域。其中材料国家工程技术研究中心数量为67个，占总数量比重为18%；先进制造国家工程技术研究中心数量为47个，占总数量比重为13%；生物技术与人口健康国家工程技术研究中心数量为41个，占总数量比重为11%；信息通信与空间遥感国家工程技术研究中心数量为31个，占总数量比重为8%；种植业领域国家工程技术研究中心数量为30个，占总数量比重为8%。

（三）创新成果持续涌现

第二十一届中国专利奖颁奖大会2020年11月举办。本届获奖项目聚焦重点产业和关键领域核心技术，突出了制造业的“大国重器”，解决了一批“卡脖子”的技术难题，经济效益显著，社会效益突出。据统计，在766项获奖发明专利中，战略性新兴产业发明专利占比为62%，知识产权（专利）密集型产业发明专利占比为83%。40项金奖获奖项目从实施之日起至2018年底，新增销售收入6600亿元，新增利润629亿元，新增出口1363亿元，效益十分显著。嫦娥四号、北斗三号、载人航天、大飞机、中微子振荡等重大创新成果举世瞩目；一些前沿领域在国际上进入并行、领跑阶段，中国的人工智能企业数量增加，在世界上呈现出不一样的亮点；科研人员、设备、资金等支撑条件今非昔比，我国大型天文望远镜、海洋科考船等一大批大科学装置设施，设施数量、建造规模和覆盖领域逐步扩大，中国科技一定能抓住机遇，乘势而上。

（四）创新氛围浓厚活跃

工信厅企业函〔2020〕43号组织开展了2020年度国家小型微型企业创业创新示范基地评审工作，共有117家基地通过了审核。国办发〔2020〕51号，第三批双创示范基地名单（92个），创业就业方向（25个）、融通创新方向（27个）、精益创业方向（32个）、全球化创业方向（8个）。

三、开放发展水平提升

（一）国际争实力增强

我国在新一轮的全球竞争中，在互联网、移动互联网、大数据、物联网、云计算、人工智能、机器人等发展上有了与发达国家竞争的实力，航空装备、卫星及其应用、智能制造等不断提升，高铁、互联网应用、基因测序、纳米技术等领域已经具备相当高的研发能力。在2020年中国企业500强中，有8家企业营业收入超过了1万亿元，分别是中国石化、中国石油、国家电网、中国建筑、中国工商银行、中国平安、中国建设银行、中国农业银行。2019年战略性新兴产业重点工业行业累计出口交货值占我国外贸出口总额增长的贡献率将近70%，但是自2020年以来，中美贸易摩擦不断，之后美国会继续联合更多国家对我国企业开展围堵，中国新兴产业将面临产业技术链、供应链安全难以保证等风险。

（二）开展多层次国际合作

对于错综复杂的国际环境带来的新矛盾、新挑战，我们要继续坚持项目为王，要勇于开顶风船，善于转危为机。加强产业顶层设计，坚持统筹协调持续推进，提升关键配套水平，推进产业链协同发展，继续夯实技术研发基础，构建多层次创新体系，深化国际交流合作，开拓合作共赢新局面。鼓励境内外资本、技术、人才等深度合作，努力构建更为开放包容的发展环境，鼓励海外企业及先进材料及设备供应商来华投资建设。

2019年，教育部、国家发展改革委、财政部、市场监管总局四部门联合印发《关于在院校实施“学历证书＋若干职业技能等级证书”制度试点方案》（教职成〔2019〕6号），面向战略性新兴产业技能人才紧缺领域，实施“学历证书＋若干职业技能等级证书”制度，以社会化机制遴选培训评价组织，指导开发相关职业技能等级证书，深化复合型技术技能人才培养培训模式和评价模式改革。目前，已在工业机器人编程、特殊焊接技术、智能新能源汽车等15个领域启动“1+X”证书制度试点工作。

第三节 我国与代表国家战略性新兴产业金融支持比较

一、融资特点比较

比较美国、日本、德国、中国这几个国家对战略性新兴产业的金融支持，美国属于政府支持型较少的国家，企业的融资行为可以自主选择，较少依靠美国政府的政策扶持，日本、德国、中国从大的金融支持类型来说都属于银行主导式融资模式，只是融资的主体、规模、范围有所不同。

美国企业更多地依靠内源融资、商业银行贷款和发行股票债券筹集资金；而且融资渠道众多，银行、风险投资市场、多层次的证券市场都为战略性新兴企业提供资金，解决了企业的筹资问题。在美国，股权融资的融资方式占很大份额，主要的是直接融资，次要的是间接融资。

日本战略性企业融资模式是典型的银行主导的形式，与美国政府不同，日本政府在企业融资上较为主动。日本银企的关系较为密切，这和美国、德国、中国不同，日本政府允许银行持有企业股份，银行成为企业的股东，参与企业重大事项的决策，可以全程对企业进行监管。日本大型新兴企业都有自己的主银行，在融资程序的起始端由银行集团来做。新能源产业、节能环保产业一般采用长期贷款的方式，而且对这两类企业日本政府还制定了许多特殊优惠利率。除了金融机构还有一些非政府的组织机构，如NGO，也为节能环保的融资做出了很大的贡献。

德国也是一个以银行为主导支持战略性新兴产业融资的国家。但是德国与中国、日本的金融支持还有所不同。德国金融业实行混业经营，德国的银行称为“全能银行”，即“商业银行 + 投资银行 + 保险公司 + 非金融公司股东”。

德国银行的数量在这四个国家里排第一位，在德国，平均不到 3000 名居民就拥有一家银行，而在英国近 4000 名居民拥有一家银行，在美国接近 4500 名居民才拥有一家银行[①]。德国银行业在融资中的比重不如日本，但大大超过了英、美两国[②]。

德国企业的资金来源和日本类似，主要渠道是银行贷款。德国的复兴信贷银行（KfW）成为战略性新兴企业融资的首选，对企业融资起了重要的作用。德国银行对于新能源企业贷款利率也出台了优惠条件，KfW 银行为特别新兴企业提供低息贷款，比市场利率低 50%[③]；德国银行和日本银行最相似的就是也持有企业的股份，这样就使得新兴企业通过直接融资取得了间接融资资金，有助于企业管理层实现战略发展目标。

我国也是银行主导式的金融支持模式，这几年随着金融市场规模扩大、市场主体多元化，战略性新兴产业融资方式有了更多的选择。为规范金融市场行为，维护金融市场秩序，国家出台了相关法律，如《中国人民银行法》《保险法》等。在我国的金融机构中、银行和非银行金融机构是市场上最主要的资金供应者，几乎居于垄断地位，和美国多层次的融资模式相比还相差很多。目前的银行体系很不成熟，仍存在许多问题，例如资产评估单一化、银行监管只注贷前不管贷后、专业人才缺乏。这些问题严重影响了金融运行的效率。

二、融资方式比较

美国战略性新兴产业的融资方式主要包括内源融资和外源融资，其中，外源融资包括银行信贷融资、股市融资、风险投资等。美国的战略性新兴产业中，缺乏资金首选内源融资方式，只有需求巨额资金，才会转向外源融资。

美国以其发达的金融市场著称，而在 2020 年受疫情影响，美国经济和金融市场动荡，在 2020 年财政部发行的 7 年期美债拍卖遭遇失败，投资者大举撤离债市，国债价格大跌。美国股市波

① 发改委．瑞典、丹麦、德国和意大利生物质能开发和利用考察报告，http: //www.sdpc.gov.cn/nyjt/dcyyj/t20050928_44092.htm.

② 张湧．以全能银行为基础的德国企业融资模式评述 [J]. 经济评论，2004（1）：88-92.

③ 发改委．瑞典、丹麦、德国和意大利生物质能开发和利用考察报告，http: //www.sdpc.gov.cn/nyjt/dcyyj/t20050928_44092.htm.

动不定，科技股近期飙升又回落，让人们对美国股市担心。

尽管有种种不稳定因素，美国的证券市场还是能满足不同类企业的融资需求（见图 7-9）。在美国证券市场是新能源产业和环保产业的重要融资渠道，即使在疫情期间，投资者也热衷于投资这两类产业。

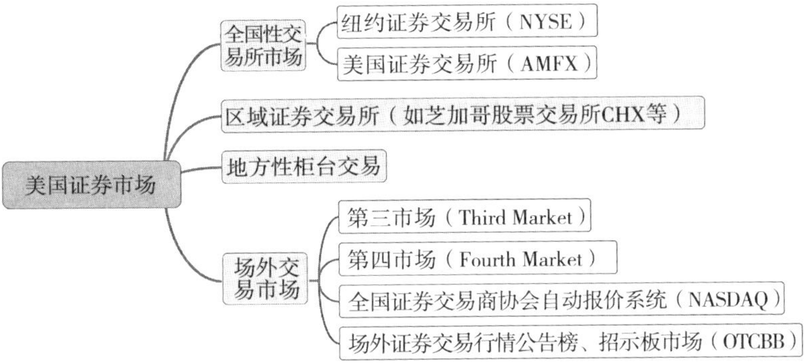

图 7-9 美国证券市场层次图

美国政府对于战略性新兴产业的财政支持主要包括直接拨款、税收优惠和政府补贴。基于新能源产业发展对于美国经济发展的重要性，美国政府对于新能源产业的直接拨款额一直都很高。美国国会参众两院通过了 2020 财年最终折中拨款法案，其中包括到 2020 年 10 月 1 日为美国能源部（DOE）提供资金。根据这项立法，能源部燃料电池技术办公室（FCTO）将在 2020 财年获得 1.5 亿美元。这比 2019 财年拨款多出 3000 万美元，几乎是白宫 2020 财年预算要求的 3.5 倍。对于美国可再生能源来说，2019 年是具有里程碑意义的一年。2019 年 4 月，美国联邦能源管理委员会（FERC）公布的月度报告数据显示，美国可再生能源发电量首次创纪录地超越煤电，提供了 23% 的电量，而煤炭发电量占比为 20%。根据 FERC 和美国能源信息署（EIA）发布的最新数据显示，2019 年 1 月至 10 月，天然气占新增装机量的 49.67%，可再生能源占 48.45%。其中，风电占 28.55%，太阳能占 18.59%，水电占 0.83%，生物质能占 0.41%，地热占 0.06%。7 月、8 月和 9 月，可再生能源的新增装机量超过了天然气，天然气领先优势正在不断缩小。

日本战略性新兴产业的融资方式同样包括两种：内源融资

和外源融资。其中，企业融资主要选择内源融资方式；在外源融资中，银行信贷融资占据了主要的地位。内源融资以其融资成本低、企业对于资金来源可控性强等优点一直是企业的第一选择。

日本的银行体系在战略性新兴产业的融资来源中占主导地位，日本三大商业银行之一的三井住友银行（SMBC）针对企业的需求提供多样化的融资方案，包括利用应收账款提供融资、供应链融资、出口信贷融资和承购合同融资。2008 年，由 SMBC 牵头，为建立在西班牙的太阳能发电厂群融资 5.2 亿欧元[①]，有为数 40% 的电厂于 2013 年建成。

日本政府还非常重视咨询公司的建立和发展，政府对这些咨询公司设立较低的门槛主要是想通过咨询公司对战略性新兴企业提供调研和指导，同时政府也可以通过调研的数据调整对企业金融支持的方向和力度。在 20 世纪 90 年代初期，日本污水处理系统建设资金的 40% 来自中央政府，60% 来自地方政府[②]。日本政府通过财政减税政策吸引金融机构对企业进行投资，同时还调动社会力量组织非营利机构加强对新兴产业的投资。从日本企业高速、高质量发展的过程中，我们可以看到，日本四方（政府、银行、企业、社会）共同联动，在强化法律基础的前提下不断完善政策框架，为战略性新兴企业的良性发展提供支持。在 2004 年，日本政府在新能源的支持方向上从单纯的支持开发技术向开发技术与技术推广并重转变（见图 7-10），在技术开发和推广上的拨款金额达到了 689 亿日元和 924 亿日元[③]，给予新能源汽车市场 88 亿日元的支持[④]，2007 年，节能对策预算资金规模高达 1100 亿日元[⑤]。

---

① 日本三井住友银行官网，http://www.smbcgroup.com/emea/sfde/energy/renew.

② 张小水．环保投资与效益的国际比较研究[D].陕西师范大学，2009.

③ 曹玲．日本新能源产业政策分析[D].吉林大学，2010.

④ 陈立欣．日本节能政策与实施[D].东北师范大学，2008.

⑤ 贾若祥．日本节能经验及对我国的启示[J].宏观经济管理，2008(5)：73-74.

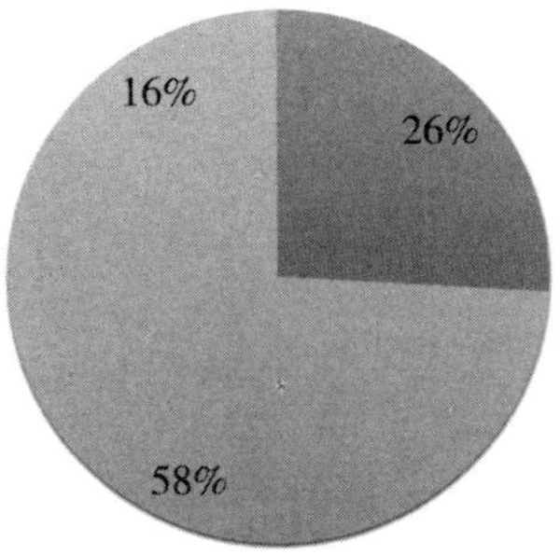

图 7-10 2004 年日本政府发展新能源产业资金投入比例

日本政府还通过提供税收优惠财政补贴的方式间接金融支持企业发展。对不同类型电动乘用车采取不同的补贴计算方式及标准。日本从 1998 年起对购置清洁能源乘用车（包括混合动力汽车）进行补贴（CEV 补助金）。政府设立下一代汽车促进中心（NeV），搭建车辆补贴信息平台。自 2015 年起，补贴对象范围缩减为 BEV、PHEV、FCEV 和 CDV。日本政府每年对补贴政策进行评估，决议下一年是否调整政策。部分地区还提供地方购置补贴，节能设备可以享受普通折旧基础上的按购置费 20% 提取的特别折旧[①]补贴，对于排放减少而燃油效率提高的车型实行不同等级的减税政策，减免额度达到 75%[②]。

日本政府对个人购买纯电动乘用车和插电式混合动力乘用车给予 30 万日元补贴（约合 1.9 万元人民币）；对企业购买的补贴稍低，分别给予 25 万日元（约合 1.6 万元人民币）和 20 万日元（约合 1.3 万元人民币）补贴。

从德国部分新能源企业近十年的年度报表所提供的数据来看，内源融资一直是德国新能源企业的主要融资方式。

为了鼓励生物能源应用，德国采取了利用再生能源发电新设备投资补偿和再生能源发电新设备可获得政府的投资补偿方式来鼓励企业从事生物能源应用。同时，政府也制定了多个相关法律和法规，比如《再生能源法》《再生能源使用资助指令》。有点像日

① 雷鸣．日本节能与新能源发展战略研究[D]．吉林大学，2009.
② 李茜．日本节能及新能源汽车产业发展动向[J]．综合运输，2009（1）：72-75.

本政府支持新建咨询公司帮助战略性企业的发展，德国政府鼓励企业和科研单位结成战略伙伴关系，建立创新联盟，助力新兴产业发展。德国在2008年就提出了科研国际化战略，通过利用国际科技力量，来提高德国企业的竞争力。在德国，新能源产业融资主要来源于德国的银行，尤其是复兴信贷银行。

就新能源产业的融资方面，德国的资本市场的贡献也很大，但是，德国的金融体系不同于其他国家，相比较内源融资和银行间接融资而言，资本市场直接融资在德国战略性新兴产业的融资方式中所占的地位并不特别重要。

2020年7月6日，德国联邦委员会正式取消了52吉瓦的光伏补贴装机上限，延续了之前的光伏补贴政策，并对不同的安装地点与装机规模给予了不同补贴的区分。到2020年8月前，德国光伏装机量超过了年扩展目标最大值2600兆瓦，处于3500 ~ 4500兆瓦区间，退补率相较于2020年7月应降低1.4%，之后的9月也将延续这一退补率。

我国的金融支持战略性新兴产业的做法与美国、德国、日本存在一定的差距，我国没有建立针对新兴产业融资的专门银行，而且一般的银行对新兴企业贷款有很多的限制条件，对新兴企业提供的无形资产抵押品没有专门的机构为之进行评估，知识产权的鉴定和估值目前还是难题。虽然政府对银行有一些政策指导建议，但是在实践操作中，银行害怕新兴产业风险太高，宁可不贷款也不愿意承担风险，导致新兴产业融资成为最大的难题。

我国的风险投资市场比较单一，主要是由政府出资金设立，养老基金、保险资金等资金还没有进入风险投资领域，社会资金利用效率低。我国中介服务体系不健全、企业缺乏专业的风险投资人才，体制上的障碍都严重阻碍了我国风险投资市场的发展。

中国银行研究院院长陈卫东表示，2021年银行将加大对战略性新兴产业的资金支持力度，战略性新兴产业贷款可提升1 ~ 2个百分点。“十四五”规划提出要推动战略性新兴产业融合化、生态化、集群化发展，打造结构合理的战略性新兴产业增长引擎。“十四五”对银行提出的挑战就是提供给企业个性化的创新型信贷产品，并为战略性新兴产业提供差别化信贷机制，不断加大信贷支持力度，为战略性新兴产业提供项目融资、银团贷款，尝试债转股服务。

三、新注册制下我国战略性新兴产业融资效率实证研究

“十三五”以来，虽然我国的整体经济增速放缓，战略性新兴产业仍然实现了较快发展，2015—2019年，战略性新兴产业增加值年均实际增长10.4%。新兴产业发展势头良好，新动能持续逆势增长，为我国经济复苏提供强大动力。2020上半年，规模以上工业战略性新兴产业增加值比2019年同期增长2.9%，规模以上工业高技术制造业增加值同比增长4.5%，而同期全部规模以上工业增加值同比下降1.3%。以新技术为引领的相关服务业营业收入保持增长，1—5月，规模以上高技术服务业、科技服务业和战略性新兴服务业营业收入增速分别为4.7%、4.0%和3.8%，而同期全部规模以上服务业营业收入同比下降6.4%。但从2019年7月22日科创板开市起，注册制作为新时代中国资本市场的重大举措，走进了市场的中心，成为引领市场全面改革的风向标和指示器。证券发行注册制核心是强化信息披露主体责任、提高信息披露水平，上市企业必须充分、及时、全面地披露经营信息，让投资者充分了解情况，做出投资决策。最新修订的证券法最为重要的改变就是把对企业持续盈利能力修改为持续经营能力，市场选择的方向发生了变化，企业需要通过谨慎的经营，不再单一强调利润第一，要求在稳定中求发展，稳定的经营能力成为衡量一个公司是否优质的重要标准之一。同时最新修订的内容加大了对投资者权益的保护力度，把原先“最近三年财务会计文件无虚假记载，无其他重大违法行为”修改为“最近三年财务会计报告被出具无保留意见审计报告”。这样的修改势必对企业更为严苛，从只强调财务会计文件的真实性，过渡到强调完整性、一致性。

（一）测度方法与指标选择

1. 测度方法

数据包络分析（Date Envelopment Analysis，DEA）1978年由运筹学家查恩斯提出，是判断多投入、多产出的决策单元有效与

否的一种非参数评价方法。该方法下,把投入产出整个过程视作一个“黑箱”,对于生产过程中的各个子阶段都不予考虑,因此无从得知各个子阶段效率。为此,张高(2008)在充分考虑各个子阶段的基础上,建立了两阶段关联 DEA 模型,方便评价各个子阶段的效率。两阶段关联 DEA 的链式过程如图 7-11 所示。

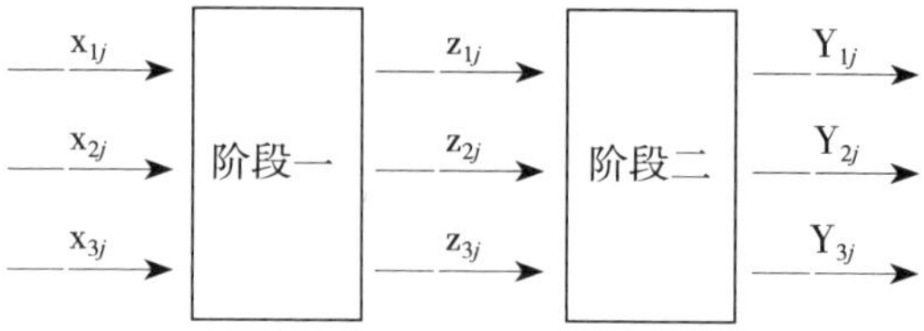

图 7-11 两阶段关联 DEA 的链式过程

假设存在 n 个决策单元 DMU,每个决策单元的研究都涉及阶段一与阶段二两个前后关联的子过程。每个 DMU 都有 P 项初始投入、s 项中间输出以及 q 项最终输出。其中, X_{ij} 为第 j 个决策单元第 i 项初始投入, Z_{rj} 为第 j 个决策单元第 r 项中间产出, Y_{mj} 为第 j 个 DMU 第 m 项最终输出。则 X_j–$\{X_{1_j},X_{2_j},X_{3_j},\ldots X_{\mathrm{p}j}\}$ 为第 j 个 DMU 中第一阶段的投入, $Z_j=\{Z_{1_j},Z_{2_j},Z_{3_j},\ldots Z_{\mathrm{s}j}\}$ 为第 j 项 DMU 第一阶段的产出,同时也是第二阶段的投入, $Y_j=\{Y_{1_j},Y_{2_j},Y_{3_j},\ldots Y_{\mathrm{s}j}\}$ 为第 j 项 DMU 第二阶段的最终产出。令 $U=\{u_1,u_2,u_3,\ldots u_{\mathrm{p}}\}$ 为初始投入赋予的权重, $W=\{w_1,w_{2_j},w_{3_j},\ldots w_{\mathrm{s}}\}$ 为中间过程赋予的权重, $V=\{v_1,v_{2_j},v_{3_j},\ldots v_{\mathrm{q}}\}$ 为最终输出赋予的权重,则在规模报酬不变的 CCR 模型下,各变量满足下列关系式:

$$\theta_j=\max V^TY_j$$

$$U^TX_j=1$$

$$U^TX_j-V^TY_j \geqslant 0\ (j=1,2\ldots,n)$$

$$U^TX_j-W^TZ_j \geqslant 0\ (j=1,2\ldots,n)$$

$$W^TZ_j-V^TY_j \geqslant 0\ (j=1,2\ldots,n)$$

$$U \geqslant 0,\ V \geqslant 0,\ W \geqslant 0$$

其中, θ_k 为被评价决策单元的整体效率值,对于阶段一、阶段二的效率值, θ_{k1}、θ_{k2} 则满足:

$$\left\{\begin{array}{l}\theta_{j1}=\max W^TZ_j\\U^TX_j=1\\V^TX_j-\theta_jU^TX_j=0\\U^TX_j-V^TY_j\geqslant 0\ (j=1,2...,n)\\U^TX_j-W^TZ_j\geqslant 0\ (j=1,2...,n)\\W^TZ_j-V^TY_j\geqslant 0\ (j=1,2...,n)\\U\geqslant 0,V\geqslant 0,W\geqslant 0\end{array}\right.\quad\left\{\begin{array}{l}\theta_{j2}=\max V^TY_j\\W^TY_j=1\\U^TY_j-\theta_jU^TX_j=0\\U^TX_j-V^TY_j\geqslant 0\ (j=1,2...,n)\\U^TX_j-W^TZ_j\geqslant 0\ (j=1,2...,n)\\W^TZ_j-V^TY_j\geqslant 0\ (j=1,2...,n)\\U\geqslant 0,V\geqslant 0,W\geqslant 0\end{array}\right.$$

1993 年曾康霖最先提出了融资效率这一概念，并对直接融资和间接融资的成本、效率进行比较，自此学者们不断丰富其内涵。集和配置阶段实证分析了 31 家物流企业的融资效率。结合先前的研究，本节战略性新兴产业融资效率评价包括资金筹集效率和资金配置效率。资金筹集效率是在风险一定时，以最低成本获取资金从而满足企业投资、运营等方面资金需求的能力；资金配置效率是将筹集到的资金合理配置到生产经营过程中，使企业获得最大的效益的能力。

在指标的选择上，在借鉴已有成果的基础上，充分考虑数据的可得性、科学性、适用性，选取了 3 个初始投入指标，2 个中间产出指标，3 个最终产出指标，具体如表 7-3 所示。

初始投入指标，主要考虑筹资阶段的筹资成本和筹资风险。筹资成本用财务费用反映；筹资风险用企业的偿债能力来反映，因此长期性偿债能力选用产权比率；短期偿债能力选用流动比率。

中间指标，是资金筹集阶段的产出指标，也是资金配置阶段的投入指标。因此，选取权益性筹资额、债务性筹资额作为中间指标，通过实收资本、负债总额来反映。

最终产出指标，主要考虑企业合理利用资金的能力，结合战略性新兴产业的创新驱动性、知识溢出性的特征，综合考察企业的盈利能力、营运能力、成长能力。因此，选用净资产收益率反映企业的盈利能力；选用总资产周转率反映企业的营运能力；选用主营业务增长率反映企业的成长能力。

表 7–3 指标列表

指标类别	指标名称	指标描述
初始投入指标	财务费用	企业为筹集生产经营中所需资金而付出的费用，该指标反映企业的融资成本
	产权比率	负债总额与所有者权益总额的比值，反映企业长期偿债能力及资金结构构成稳健状况
	流动比率	流动资产与流动负债的比率，反映企业短期偿债能力
中间指标	实收资本	企业实际收到的投资人投资的数额，反映企业权益性资金的筹资额
	负债总额	负债总额是指过去的交易、事项形成的现时义务，履行该义务预期会导致经济利益流出企业，包括流动负债和长期负债，反映债务性资金的筹资数额
最终产出指标	净资产收益率	企业税后利润与净资产的比值，反映企业的盈利能力
	总资产周转率	企业一定时期的销售收入净额与平均资产总额之比，反映企业的营业能力
	营业收入增长率	企业本年营业收入增加额与上一年营业收入总额的比值，反映企业的发展能力

（二）实证分析

1. 样本选择

2018 年 10 月 12 日国家统计局公布了《战略性新兴产业分类（2018）》，规定战略性新兴产业包括：新一代信息技术产业、高端装备制造产业、新材料产业、生物产业、新能源汽车产业、新能源产业、节能环保产业、数字创意产业、相关服务业等 9 大领域。由于相关服务业数据收集难度较大，本文选取 2015—2019 年五年间我国 A 股市场中节能环保、新一代信息技术产业、数字创意产业等战略性新兴产业中的八大板块为研究对象，并作如下剔除：① ST、*ST 公司；②数据缺失的公司；③金融机构；④战略性新兴产业业务占比小于主营业务收入 50% 的公司，经过筛选，确定 1027 家公司为本文的研究对象，其中节能环保企业 71 家，高端装备 161 家，生物产业 150 家，新材料 139 家，新能源 63 家，新能源汽车 39 家，数字与文化创意活动 88 家，新一代信息技术

316 家；本书上市公司财务数据来源于 CSMAR 数据库。

2. 数据处理

在利用两阶段关联 DEA 进行有效性分析时，相关指标需为正值，否则会影响 DEA 有效性的评价结果。为此，本书借鉴查恩斯提出的加法模型，对原始数据进行无量纲化处理，以确保所有指标都处于 0~1 的区间范围内，具体的处理方法如下所示：

$$y_{ij} = 0.1 + 0.9 \times \frac{x_{ij} - m_j}{M_j - m_j}$$

$$m_j = \min(x_{ij}),\ M_j = \max(x_{ij})$$

其中，i=1,2,...,n。

3. 描述性统计

在对战略性新兴产业的融资效率进行测度之前，需利用 SPSS 软件对各个指标进行描述性统计分析，由于篇幅限制，本书只展示了战略性新兴产业整体及八大子产业的平均值，至于最大值、最小值、标准差文中没有标出，具体结果如表 7-4 所示。

表 7-4　指标描述性统计

年份	2015	2016	2017	2018	2019
流动比率	2.93	2.61	2.64	2.43	2.27
产权比率	0.97	0.91	1.306	1.29	1.47
财务费用	0.79	0.89	0.77	1.16	1.21
负债总额	4.418	4.911	6.02	6.83	7.64
实收资本	0.89	0.90	1.09	1.22	1.29
营业收入增长率	0.52	0.65	1.72	0.52	0.38
总资产周转率	0.56	0.52	0.50	0.52	0.55
净资产收益率	0.06	0.05	0.05	-0.01	-0.09

对于初始投入指标的描述性统计分析显示：流动比率、产权比率、财务费用在 2014—2018 年呈现上升趋势，可见战略性新兴产业在资金筹集阶段的融资成本和融资风险在逐年上升。对于中间产出指标的统计性描述分析显示，负债总额和实收资本在 2015—2019 年五年之间逐年增加，说明战略性新兴产业的权益

性筹资额和债务性筹资额上涨明显，继而保证了在生产经营过程中的资金需求。对于最终产出指标的统计性描述分析显示，营业收入增长率在 0.5 左右上下波动，幅度相对较大；总资产周转率相对平稳，稳定在 0.5 附近；净资产收益率在 2015—2019 年呈下降趋势，在 2018 年和 2019 年度甚至出现负值，战略性新兴产业整体盈利能力不佳。

4. 实证结果

将各个指标无量纲化处理以后，运用 Matlab7.0 代入到两阶段关联 DEA 中，分别得到总融资效率、阶段一的筹资效率及阶段二的配置效率，结果如表 7-5 所示。

表 7-5　战略性新兴产业总体融资效率

年份	2015	2016	2017	2018	2019
战略性新兴产业整体	0.2239	0.2864	0.2775	0.3235	0.2458
新一代信息技术	0.2239	0.2886	0.2783	0.3258	0.2472
节能环保	0.2251	0.2892	0.2815	0.3223	0.2416
高端装备	0.2227	0.2823	0.2753	0.3210	0.2448
新材料	0.2295	0.2790	0.2769	0.3215	0.2471
新能源	0.2163	0.2753	0.2727	0.3092	0.2422
新能源汽车	0.2286	0.2902	0.2726	0.3186	0.2414
生物产业	0.2241	0.2910	0.2790	0.3269	0.2484
数字与文化创意活动	0.2202	0.2942	0.2795	0.3299	0.2434

由表 7-5 可知，2015—2019 年战略性新兴产业整体融资效率不高，基本上都低于 0.3。涉及的新能源、新材料等八大子板块，各个板块之间总体融资效率差距不大。其中数字与文化创意活动板块在 2016—2018 年总体融资效率较高，主要得益于网络游戏的蓬勃发展；新一代信息技术和生物产业在 2017—2019 年总体融资效率表现较好；新能源、新能源汽车产业相对其他板块总体融资效率较低。

表 7-6　战略性新兴产业资金筹集效率

年份	2015	2016	2017	2018	2019
战略性新兴产业整体	0.3377	0.4096	0.3265	0.3522	0.2736
新一代信息技术	0.3344	0.4082	0.3250	0.3530	0.2721
节能环保	0.3400	0.4136	0.3321	0.3550	0.2760
高端装备	0.3487	0.4177	0.3362	0.3621	0.2836
新材料	0.3384	0.4063	0.3210	0.3428	0.2692
新能源	0.3459	0.4152	0.3402	0.3565	0.2966
新能源汽车	0.3451	0.4215	0.3381	0.3706	0.2900
生物产业	0.3308	0.4026	0.3175	0.3440	0.2641
数字与文化创意活动	0.3309	0.4056	0.3203	0.3478	0.2602

分阶段来讨论，对于阶段一的资金筹集效率由 7-6 可知，战略性新兴产业八大板块整体的资金筹集效率不高，且在 0.35 附近上下波动。对于各个子行业，筹资效率较高的有新能源产业、新能源汽车产业以及高端装备产业；筹资效率较低的有生物产业和数字与文化创意板块。

表 7-7　战略性新兴产业资金配置效率

年份	2015	2016	2017	2018	2019
战略性新兴产业整体	0.6668	0.7051	0.8620	0.9313	0.9220
新一代信息技术	0.6716	0.7138	0.8703	0.9393	0.9345
节能环保	0.6689	0.7061	0.8613	0.9213	0.9007
高端装备	0.6480	0.6865	0.8424	0.9123	0.9009
新材料	0.6817	0.6906	0.8693	0.9417	0.9341
新能源	0.6322	0.6714	0.8196	0.8780	0.8618
新能源汽车	0.6636	0.6967	0.8193	0.8789	0.8610
生物产业	0.6778	0.7233	0.8804	0.9524	0.9475
数字与文化创意活动	0.6659	0.7260	0.8739	0.9497	0.9359

由表 7-7 可知，战略性新兴产业整体资金配置效率相对较高，在 0.8 附近上下波动。其中，新一代信息技术产业、生物产业、数字与文化创意活动资金配置效率较高；而新能源、新能源汽车

板块资金配置效率较低。

综合分析表 7-5、表 7-6、表 7-7 发现，第一，战略性新兴产业八大板块融资效率较低，但各个板块之间差距不大，其中新一代信息技术产业、生物产业表现较好。第二，战略性新兴产业各个分行业第一阶段的资金筹集效率明显低于第二阶段的资金配置效率，说明战略性新兴产业融资效率不高主要是由于筹资效率低下引起，要提高战略性新兴产业的融资效率首当其冲应解决其筹资过程中面临的问题，解决其筹资困境。第三，不同板块在融资过程中暴露问题各异，其中新能源、新能源汽车板块在资金配置阶段效率较低；而生物产业、数字与文化创意活动产业在资金筹集阶段面临困境。

2015—2019 年我国股票市场实行核准制。实证结果表明，核准制之下，我国股票市场上战略性新兴产业融资效率整体偏低，具体原因如下：第一，核准制之下的股票发行体现了行政干预的结果，在股票市场建立初期，核准制能够将一些资质不足的企业拒之门外，起到了保护投资者的作用。随着股票市场的成熟，核准制下给予某些发行监管机构“权利寻租”的空间，从而损害融资环境的公平性，降低融资效率。第二，核准制下实行实质性审核，使得新股发行周期长、成本高，上市时间不确定，融资效率低下，影响融资效果。第三，核准制下退市制度难以贯彻实行，引发股票市场种种乱象：炒重组、壳资源的炒作、“三高”现象（高市盈率、高溢价率、高超募金额）等频繁出现，扭曲股票市场的资源配置作用，降低企业资金配置效率。

在当前“双循环”的新发展格局下，经济发展的内生动力离不开资本市场的支持，注册制改革符合我国国情的发展，是大势所趋。近年来，注册制的实施进程在持续推进。2019 年 3 月 18 日上交所科创板发行上市审核系统正式开放，接受上市注册申请。2020 年 7 月 13 日创业板注册制迎来了第一批上会的企业。2020 年 10 月 31 日，国务院金融稳定发展委员会召开专题会议强调，要增强资本市场枢纽功能，全面实行股票发行注册制，建立常态化退市机制，提高直接融资比重。

注册制的实施，能够提升战略性新兴产业的融资效率。首先，在资金筹集阶段,企业筹资效率会得到提升。注册制之下,审核程序得到简化,上市审核时间大幅缩短,提高了发行效率;同时注册制下注重信息披露的规范性和真实性,不对企业进行实质性的审查,上市门槛降低,发行费用也较核准制低,拓宽了企业的筹资渠道,降低了筹资成本,从而提升了战略性新兴产业的资金筹集效率;在资金使用阶段,资金配置效率会得到提升。注册制下,要求完备的信息披露制度,并且配合操作性强的退市制度,从而使资本市场有“优者进、劣者出”的功能,提高资本市场的有效性,资本市场优化资源配置功能得以发挥。这就要求企业加强公司治理,强化内部控制,增强信息透明度,提升经营业绩,从而提升其资金配置效率。由于 2020 年注册制实施后的企业财务数据还未披露,本文缺失对于注册制实施后的融资效率的量化研究,我们将在后续的研究中加以补充论证。

第八章

第八章　构建适合我国战略性新兴产业金融支持发展的建议

第一节　构建推动战略性新兴产业发展的融资环境

一、宏观经济环境

宏观经济环境是指在新战略背景下的融资背景大环境，每一个国家的经济发展的情况都会对战略性新兴产业的融资产生重要的影响。首先，对金融市场的发展产生直接影响；其次，影响融资主体的心理预期；最后，影响企业的生产经营和融资成本。总体趋势的数据表明我国经济发展较为稳健，2020 年全年国内生产总值超过 100 万亿元，按可比价格计算，比上年增长 2.3 个百分点。分季度看，第一季度同比下降 6.8 个百分点，第二季度增长 3.2 个百分点，第三季度增长 4.9 个百分点，第四季度增长 6.5 个百分点。分产业看，第一产业增加值达到了 77754 亿元，比上年增长 3 个百分点；第二产业增加值突破 384255 亿元，增长 2.6 个百分点；第三产业增加值更是达到了 553977 亿元，增长 2.1 个百分点。我国经济总量突破 100 万亿元大关，人均 GDP 连续两年超过1万美元。我国在世界银行的话语权进一步提升，投票权上升到世界第三位。2020年，我国经济在疫情后呈现较快发展，全国各行业经济都在平稳增长，农业生产形势良好，外贸等指标平稳增长势头强劲，市场物价过快上涨的势头得到遏制，但经济发展中不平衡、不协调的矛盾和问题仍然存在。

2020年第二季度，美国国内生产总值（GDP）按年率计算环比下滑31.4%，创下有记录以来最大季度降幅。同期美国的国内生产总值环比增长率为5%。2020年欧元区国内生产总值较上一年减少6.8%，达历史最大降幅。欧盟整体经济同期缩水6.4%。2020年第四季度，欧元区经济较第三季度仅下滑0.7%，降幅低于此前经济学家普遍预测，2020年第四季度日本实际GDP环比增长3.0%，按年率计算增幅为12.7%。截至2021年数据显示，全国居民消费价格同比下降0.2%。其中，城市下降幅度比农村多0.1个百分点；食品价格下降幅度和非食品价格下降幅度相同，都是0.2个百分点；消费品价格也呈现下降趋势，比服务价格下降幅度高0.2个百分点，服务价格下降幅度是0.1个百分点。1—2月平均，全国居民消费价格比上年同期下降0.3%。2月，全国居民消费价格环比上涨0.6%。其中，城市上涨幅度高于农村上涨幅度0.2个百分点；食品价格和非食品价格都上涨，其中食品价格上涨的幅度为1.6%，非食品价格上涨0.4%；消费品价格上涨0.7%，服务价格上涨0.4%。美国2020年12月消费者价格指数环比上涨0.4%。日本2020年10月全国居民消费价格指数（即CPI，生鲜食品除外）为101.3，较上年同月下跌0.7%，跌幅达到发生东日本大地震的2011年3月（下跌0.7%）以来高位。由此可以看出，中国经济发展仍较为平稳。新增市场主体恢复快速增长，创造了大量就业岗位。城镇新增就业1186万人，2020年末全国城镇调查失业率降到5.2%。国际劳工部的数据显示，2021年美国失业率为6.3%，环比下降0.4个百分点，这和美国控制疫情不力有关，大量贫困人口失业甚至因病死亡，市场复苏需要新的经济增长点刺激。国家统计局统计，我国2020年房地产开发投资14.14万亿元，增长7%；2021年2月28日，国民经济和社会发展统计公报显示，固定资产投资方面，全年全社会固定资产投资 527270 亿元，比上年增长 2.7%。其中，固定资产投资（不含农户）518907 亿元，增长 2.9%。

中国经济进入新常态的主要特征体现在经济的高速增长回归理性转向中高速。为使我国经济能够平稳健康发展，应该对目前我国经济发展中凸显的问题和潜伏的隐患逐一清理解决，并对经济发展进行分析预测，及早发现问题，未雨绸缪，更好地为我国战略性新兴产业融资提供良好的内外部环境。

首先，经济学中常把投资、消费、出口视为拉动经济增长的“三驾马车”，因此，应当着重优化国内投资环境，正确引导外资进入我国的新兴发展企业，促进我国实体经济良性快速发展；通过财税政策刺激国内经济的增长，扩大内需，推动居民储蓄转化为投资和消费；建立健全社会保障体系，提高就业率，推动医疗制度改革，注重民生问题。此次宏观调控中的“定向降准”也向中小微企业和农业进行了倾斜，体现出政府对于农业和实体经济的高度重视，指明了发展战略的方向。

其次，积极推动经济发展方式转型，改造传统的“粗放型”经济增长模式，重点培育和发展新兴产业和节能环保产业，加快培育高新技术产业的自主创新能力，提高中小企业的核心竞争力。对于我国战略性新兴产业而言，减税、免税、三免三减半、即征即退、即征即返等措施是国家财政支持战略性新兴产业的重要组成部分。但是，从我国目前的支持体系来看，战略性新兴产业的税负减免政策比较笼统和分散，构不成体系，国家没有区分战略性新兴产业和高新产业的不同，有很多战略性新兴产业的税收优惠都是遵照高新技术产业的优惠政策来执行的。对于战略性新兴企业，急需制定针对它们的专项税收优惠政策，这也是“十四五”要解决的重点问题。许多发达国家通过政府贴息的方式扶持战略性新兴产业，这也是我国需要借鉴的。除了政府采购，政府贴息也是政府扶持产业发展的重要手段。目前，对于我国战略性新兴产业的政府采购已经开始进行，但是力度和规模尚有一定的提升空间。

二、金融市场环境

金融市场环境是我国战略性新兴产业最直接的外部融资环境，对产业融资有着十分重要的影响。良好的金融市场环境，有利于保持融资体系的平稳运行和持续发展，有利于给企业提供方便、快捷、高效的融资环境。

我国金融市场发展势头良好，规模增长较快，为我国战略性新兴产业的融资提供了较多的便利，但是，由于我国金融市场起步较晚，在很多方面仍然存在一定的不足之处。为我国战略性新兴产业打造良好的融资环境，应当从以下几方面着手，优化我国金融市场环境。

首先，优化我国金融市场结构，其包括六方面内容：一是适度保持市场总规模，更好地服务于实体经济；二是市场结构进一步优化并与经济发展阶段要求相符合，与实体经济良性互动；三是金融资源分布多样化、多元化、分散化；四是利率汇率等核心金融参数主要由市场决定；五是市场对外开放度不断提高，能够与国际市场对接；六是各种配套监管措施相配合，促进金融发展、深化、创新，监管范围不断扩大。

其次，进一步扩大直接融资比例，通过证券市场的多层次发展，提升资本市场在产业结构调整和经济发展转型方面的促进作用。三板市场融资规模进一步扩大（主板市场、中小板和创业板），除了国债融资外，大力发展企业债、公司债等多渠道融资。对于银行间接融资而言，应当首先解决战略性新兴产业和银行之间的信息不对称问题，建立健全银企之间的信息交流平台，并且借鉴日本的经验，建立银行与战略性新兴产业之间的长期合作关系。银行不仅给企业提供融资，还成为企业的股东，可以对企业的发展进行监管，进一步加强风险管理。

最后，我国金融市场的创新不足，影响了资源的优化配置和市场效率。因此，通过不断创新金融工具，强化金融创新的力度，发展适合我国金融市场实际需要的新型金融工具，在风险可控的情况下，大力发展多种类金融工具，拓展主体的选择。加强风险监管机制的配套建设，控制金融风险的发生。

表 8-1[①] 是 2021 年 2 月深圳证券交易所上市证券类别统计，可以看出，在深圳证券交易所目前的交易类别中主要还是以股票、债券和基金三大原生金融工具为主，对于创新型的金融工具，包括期权、期货等涉及较少。而在上海证券交易所中，除了股票、债券和基金之外，金融衍生工具领域目前已经开始有所涉及，股票期权和权证交易已经开始进行，只是在规模和交易数量方面尚与股票、债券、基金类交易有所差距。这与美国、英国、德国等发达国家的金融市场交易情况大相径庭。因此，要加大金融工具创新力度，借鉴发达国家金融市场发展经验，拓宽我国实体经济融资工具类型。

最后，由于金融市场全球化的发展，一国金融市场的风险已经能够快速波及周边国家和地区，而且引发金融风险的因素也日渐复杂。因此，跨部门、跨区域的监管协调和监管合作显得日趋重要。当前，我们要以维护金融市场稳健为目的，努力营造金融创新的良好环境，使创新产品能够快速契合金融市场的发展；还要加强对信用评级机构等中介机构的监管，增强信用评级机构的透明度和评级水平，为提供金融衍生品的公允价格创造条件。

三、政策法规环境

在战略性新兴产业融资机制的建设中，政府部门的作用非常重要（见图 8-1），大型资金的投资方向都要由政府出台各种政策法规来引导。为了使投融资双方能信息互通，必须建立信息服务平台，要有战略性新兴产业融资机制的法律法规来保障投融资双方的利益，进一步确定各融资主体行为、操作流程，规避融资带来的纠纷，使我国战略性新兴产业的融资过程有法可依。

① 深圳证券交易所官网（http://docs.static.szse.cn/www/market/periodical/month/W020210303553006312942.html）。

表 8-1　上市证券 LISTED SECURITIES（2021 年 2 月）

2021 年 2 月底 End of February，2021		上市数目 No. of Listed Securities	总发行股本 Total ssued I Capital（Shs.）	总流通股本 Total Negotiable Capital（Shs.）	市价总值 Total Market Capitalization（RMB Yuan）	流通市值 Negotiable Market Capitalization（RMB Yuan）
股票	Stocks	2,421	2,303,429,344,395	1,906,978,329,576	33,972,185,368,744	26,486,558,874,651
主板 A 股	MB A-shares	459	832,872,143,440	740,317,723,560	9,707,692,517,873.	8,750,871,390,617
主板 B 股	MB B-shares	45	12,165,247,818	12,035,123,081	53,528,723,017	53,077,437,212
主板 CDR 股	MB CDR	0	0	0	0	0
中小板	SME	1.002	1,002,321,692,714	800,035,591,229	13,675,095,433,479	10,847,376,238,943
创业板 A 股	ChiNext A-shares	915	456,070,260,423	354,589,891,706	10,535,868,694,375	6,835,233,807,879
创业板 CDR	ChiNext CDR	0	0	0	0	0
基金	Funds	428	164,740,992,272	164,740,992,272	274,585,032,340	274,585,032,340
ETFs	ETFs	122	114,161,092,376	114,161,092,376	205,967,453,671	205,967,453,671
LOFs	LOFs	305	50,571,774,331	50,571,774,331	67,827,749,375	67,827,749,375
分级基金	Structured	0	0	0	0	0
封闭基金	Close-end	1	8,125,565	8,125,565	789,829,295	789,829,295
债券	Bonds	8,711	430,526,606,861	26,414,272,673	42,947,368,783,995	2,624,691,345,911
债券现券	Cash	7,425	424,575,844,204	20,463,510,016	42,386,833,619,107	2,064,156,181,024
债券回购	Repurchase	9	0	0	0	0
ABs	Abs	1,277	5,950,762,657	5,950,762,657	560,535,164,887	560,535,164,887
期权	Options	128	—	—	—	—
优先股	Preferred stock	9	435,609,300	435,609,300	41,609,956,000	41,609,956,00
合计	Total	11,697	2,899,132,552,828	2,098,569,203,821	77,235,749,141,079	29,427,445,208,903

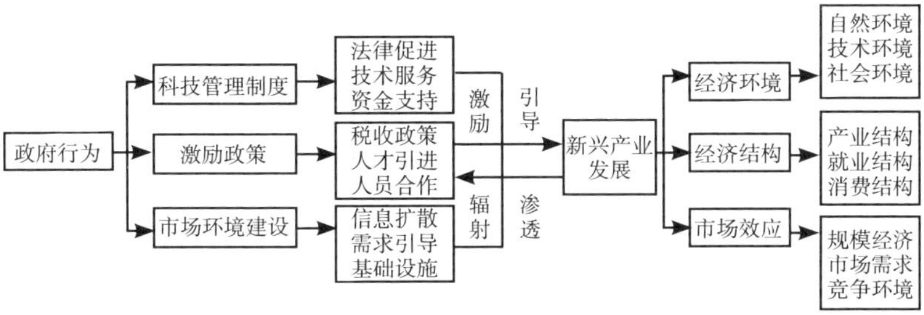

图 8-1　政府作用机制模型

一个良好的融资外部环境搭建需要我国政府建立政策性强、针对性强的法律法规体系，这对我国战略性新兴产业的融资是非常重要的，这种法律体系的建立会影响到战略性新兴产业的融资结构、融资行为和融资效率。一个完善的法律法规制度在战略性新兴产业融资结构的优化、融资行为的规范以及融资效率的提高等方面都起着重要作用，是解决战略性新兴产业融资痛点问题的保障。该法律体系应主要包括以下几个方面。

一是健全专利法、商标法、著作权法等知识产权和技术转移等方面的法律法规，打击一切侵害知识产权的行为，使知识产权受到法律保护，鼓励科技创新和知识进步。二是保护融资主体的利益并优化资金的配置。三是建立完善的法律框架（企业和个人、政府、金融机构、金融中介）。四是建立相关法规来保障战略性新兴产业融资渠道，这些法律包括担保法、保险法、期货法、银行法、信托法、证券法、票据法等。要尽快制定风险投资法，对风险投资行为进行规范，保护投资主体的利益。对养老基金、保险基金等投资基金通过立法减少相关限制，为战略性新兴产业提供期限更为匹配的多元化资金来源。

第二节　构建支持战略性新兴产业金融发展的融资平台

一、信息整合平台

信息沟通的不畅是影响我国战略性新兴产业进一步发展的瓶颈,在我国战略性新兴产业的融资流程中,经常会出现信息不对称的问题。因此,政府除了建立严格的信息披露制度外,还应建立一个为之服务的、便捷的信息服务体系,整合在融资过程中需要掌握的相关信息,借助发达的大数据技术、通信技术、网络信息技术,对战略性新兴产业相关的国内外最新技术成果市场行情等信息进行收集,深刻理解国家融资政策、融资程序以及投资预测等有关融资的各方面信息,发布缺少资金的战略性新兴企业的详细通告,实现融资主体供求双方的信息透明和共享。

战略性新兴产业的信息整合平台应当具有四个基本特征。一是对接性。平台里应该把急需资金的新兴企业和可以提供资金的投资方信息显示出来,就像物流企业的运输方和业主,这样可以使投融资方在平台里找到经过规范审核后可合作的对方。二是集成性。即此信息服务平台应该是整合了各类相关信息资源的集成平台,为战略性新兴产业融资提供可选择的信息。三是快捷性。战略性新兴产业可以快速地通过该信息服务平台查询到所需信息,平台的用户界面友好,设计简单易查,大数据库智能化的搜索引擎减少用户搜寻信息的时间。四是共享性。所有查询用户在该平台查询是免费的,平台应按统一标准进行开发、建设,使各个部门、行业、组织和个人之间实现信息的交互共享,有利于增强信息传递的有效性。

战略性新兴产业的信息整合平台的三大基本特征决定了其拥有强大的功能。首先,是信息发布与咨询功能,信息发布包括政府的政策法规发布、行业新闻发布、融资信息发布、用户使用指南和范围等信息的发布,提供上传和下载等功能;咨询功能则包括政策法规、融资申请流程、融资主体情况、融资方案规划、审批进度等内容，提供在线咨询和邮件咨询等多种咨询模式，为战略性新兴企业提供咨询、专项申请、资产评估、会计和法律事务等专业的多种服务。其次，是数据分析功能，通过对战略性新兴产业的统计分析，总结用户的需求规律和趋势，并及时反映出产业的发展状况，为融资提供数据支持，提供文字、表格、图形等各种形式的输出。再次，是信息查询功能，这也是该平台的最基本的功能，此项功能应该提供用户最便捷的查询途径和最全面的查询结果，最大限度地弥补融资双方信息不对称的缺陷。最后，是实时监督功能，即对各融资方的融资供需状况、融资过程和融资结果进行实时跟踪监控，并监督各企业的信用状况，使得信用状况好的企业更容易得到资金的支持。

二、融资渠道对接平台

融资渠道对接平台建立的意义主要在于促进融资供求双方的有效沟通。这个平台应引入随时更新的优质的投资资源，并且与战略性新兴企业信息整合平台对接，提高平台运行效率。为帮助战略性新兴企业选择风险最小、收益最高的融资渠道，平台为企业提供专业服务，全面权衡各种因素为战略性新兴企业量体裁衣，制订个性化的融资方案。为降低企业搜索信息的成本，平台为需要融资的企业提供以下专业化的服务。

其一，分类检索投资伙伴。战略性新兴产业根据各自行业特点和需求通过模糊的关键字匹配搜索融资方。找到感兴趣的投资者点击链接，可以看到关于投资方的所有有价值的信息。例如，公司的近五年的主营业务、资产负债表、资产评估等基本信息。战略性新兴产业不仅缺乏资金，更缺乏管理、技术、市场销售等方面的经验。优质的投资者会在给融资方带来资金的同时，注入先进的管理经验。经过验审后的平台会员，在通过初步筛选后利用平台赋予它的权利可以进一步向平台索取投资方更多的信息，以便对投资方有更深入的了解。

其二，大数据挖掘项目收益率。战略性新兴企业利用融资平台只需很少的成本就可获得拟融资项目的行业投资月报、年报、投资趋势报告等详细统计信息。这些研究报告都是平台通过大数据挖掘技术进行推算、统计出来的比较精细的信息,还有赖于专家的价格分析。通过对这些拟投资项目收益率的了解,战略性企业能够清醒地分析现在行业的竞争情况,来决定是否融资某个项目,避免将有限的资金投入到激烈的无利竞争之中。

其三,填写相关信息表。确定意向的战略性新兴企业在平台发布项目信息后,就要按照格式填写信息表,之后,平台系统会自动加以分类,并且把本地区环境配套和交通等合作方关心的信息与项目关联,提高信息的针对性和有用性。同时,发布者还直接通过平台与合作方联系。这个模式类似于58同城创建的细分模式。

其四,网络洽谈室。为了使合作双方能进一步开展后续合作,平台为双方提供了网络洽谈室(一对一、多对多)。洽谈室能够自动记录每次的会议内容,并分析打印成册。洽谈室还有一个预约功能,双方可以通过文本、语音、视频多种媒介进行洽谈。在有了初步合作意向后,双方可通过平台联系实地磋商。政府构建的平台有保证,所以容易促成双方进一步的合作。

三、融资担保平台

战略性新兴产业大多是无形资产,不可以进入金融机构抵押,这对我国战略性新兴企业的融资产生了一定的制约,同时我国没有发达国家的比较成熟的担保体系,更是加剧了这一情况。目前我国的担保公司主要分三类:第一类是纳入监管体系的融资性担保公司;第二类是非融资性担保公司;第三类则是以担保公司名义开展担保和非担保业务的中小型金融机构。融资性担保业务由于高风险、高资本要求的业务属性,监管部门对其监管力度较非融资性担保业务更为严格。

北京市金融监管局发布《2020年地方金融监管机构数据》对北京市辖内的小贷公司、融资担保公司、区域性股权市场(即四板)、典当行、融资租赁公司、商业保理公司、地方资产管理公司(即地方AMC)以及交易所、农民专业合作社等地方金融组织的最新数据进行披露。数据显示,北京市辖内小贷公司的总数量,截至2020年12月末为131家；与上年同期相比增加1家。其他类型机构数量在环比变化方面，北京地区融资租赁公司数量减少最多，截至2020年12月末为207家，较上一季度末减少了9家。从数字统计上来看，我国的担保公司规模较小，远远达不到我国战略性新兴产业的总体需求。国家应出台一系列的优惠措施来吸引金融机构、民间资本、风险资本建立信用担保公司，为资信状况良好、具有发展潜力的战略性新兴产业提供融资担保，促进战略性新兴产业的发展。

从法国、韩国、美国、日本等国的战略性新兴产业发展历程来看，政策性信用担保体系分为三类：第一类是美国专设小企业管理局的政府机构运行模式，通过贷款担保的方式为小企业融资提供援助；第二类是日本通过行业协会为中小企业向金融机构贷款提供信用保证，日本公库（日本政府出资）为融资担保提供再保险来分散风险；第三类是法国、韩国委托担保机构进行基金运作的方式，这也为我国的养老基金、保险基金运作提供了可借鉴的方向。不管是哪种类型的担保方式，政策性信用担保体系在战略性企业的发展中都发挥了重要的作用，不仅增加了战略性新兴产业的融资机会，又增加了融资主体的信心。建立和完善战略性新兴产业的政策性信用担保体系加强了政府对于资金分配的引导。

四、融资专业服务平台

融资专业服务平台是促进我国战略性新兴产业融资有效性的服务平台，该平台在某种程度上会影响融资的效率和结果，因此，该平台应由优质的专业咨询机构作为会员，建立包括融资各方面的完整的服务体系，为我国战略性新兴企业提供专业化的服务，更好地帮助战略性新兴产业解决融资困难的问题。

在该平台的建立上，首先，要考虑的是融资专业服务平台的专业性。专业性服务的保障依赖于专家团队的打造和各领域精英人才的会集。在融资专业服务平台的建设中借鉴发达国家的经验，把对于人才的选择、录用，专家团队的打造和人力资源管理作为重中之重，提高服务的质量和水平，体现较强的专业化水平。

其次，融资专业服务平台的服务应当具有相当的广度和深度，能够为我国战略性新兴产业提供包括创业辅导、政策咨询、融资指导、企业信息化、财务管理、人力资源管理和法律咨询在内的多元化、全方位的服务，并且能够对企业的发展进行追踪，为提供后续服务打下基础。此外，融资专业服务平台主要应该由融资咨询、融资方案策划与实施、法律服务与企业维权和企业财务管理四个模块构成。

融资咨询服务主要是帮助企业了解现有的融资政策导向和融资相关的信息，使企业明了内外部融资环境，并根据企业的发展状况和企业自身的经营状况，为企业提供最佳的融资方式选择建议和融资策略。并且，可以把成功融资的企业归类整理成经典案例，供有需要的企业查阅。另外专家团队还可以帮助我国战略性新兴企业筛选融资供给方，帮助融资供给方从多个意向企业中圈定合适的目标企业。专业顾问团队还应当能够为企业提供融资方案策划与实施的服务。在基于对融资环境等相关信息和企业自身财务状况的分析的基础上，为企业量身策划最佳的融资方案。一般而言，融资方案策划应当考虑融资条件、融资方式、合作期限及资金退出方式等。此外，还需要对企业融资进行包装，撰写标准的可行性报告，或者商业计划书，对于企业的发展目标、经营战略、项目发展前景、预期收益等进行完整而清晰的论述，突出项目的投资价值，深度剖析项目的优势。向投资者提供一份规范严谨的报告将大大提高融资成功的概率。

针对我国大多数战略性新兴产业内部没有专门法律部门的现实，设立法律服务与企业维权模块，为我国战略性新兴产业提供法律咨询与普及服务，及时解读国内外有关企业融资的法律法规，并与企业融资现状相联系，针对企业融资中出现的各种法律问题予以帮助，特别是在我国战略性新兴产业遭受融资侵权时提供维权帮助。尤其是涉及跨国侵权，这时企业进行维权的成本较高，难度较大。由平台派出法律专家提供维权咨询服务，或者直接代理被侵权方通过与国内外相关的组织机构进行交涉、协调，维护企业的正当权益。

此外，有相当一部分的战略性新兴产业并没有建立完善的财务制度,企业财务报表的编制不及时甚至缺失,部分企业的财务报表的编制还很不规范,这都给企业的资金运转和融资带来了诸多不便。因此,融资专业服务平台应当注重对于企业财务管理方面的帮助,规范企业的财务管理制度,提高企业资金的利用率,为其融资打造一个良好的企业内部环境。

最后,融资专业服务平台的建立在实践中应该不断根据实时的信息加以更新和完善。在后续的发展中针对不同需求推出新的服务功能,能够更好地为我国战略性新兴企业的融资提供专业而有效的帮助。

第三节 构建支持战略性新兴产业发展的资本市场直接融资体系

一、总体思路

伴随着全球日益激烈的竞争,国民经济要想更好地发展,要依靠战略性新兴产业的健康发展,如何搭建多层次的金融支持来助力战略性新兴产业的发展就成为支持新兴产业发展的重中之重。借鉴发达国家成熟的资本市场的经验并结合我国的发展现状,本书认为,我国资本市场的构建应该注重以下几个方面。

首先,如何构建我国的“多层次”体系。资本市场的基本功能是调节社会资金的余缺、资源合理配置的有效场所,促进产业结构向高级化方向发展并促进社会经济的发展。有强大资金需求的一方是战略性新兴企业,是社会经济中的资金需求方的主要构成者,而资本市场体系发展的决定力量是由企业融资的市场需求决定。因此,我国资本市场的发展应当充分考虑战略性新兴企业的规模、成长阶段、阶段特性这些特点,多方联动建立符合我国企业现状、推动我国企业发展的资本市场体系。

其次,注重“多层次”各层次之间的衔接。虽然多层次的资本市场满足了不同条件的战略性新兴企业的融资需求,但是如果割裂了资本市场各层次之间的联系,也就是相当于把战略性新兴企业的各发展阶段割裂开来，静态地看待融资问题，不符合实际的要求。相比主板市场的高门槛，限制较少的新三板市场吸引了不少中小企业和投资者的加入，但是在三板市场“挂牌”，并不能解决战略性新兴企业资金短缺的问题，挂牌公司发生资金占用情形时多没有审议及披露，监管缺乏导致资金占用违规事件增多，挂牌不能解决最根本的资金问题，应整合资本市场各层次之间的联系，动态解决融资问题。

再次，“多层次”的广义概念。“多层次”不仅指市场，还包括金融工具、审核制度和监管机制。对于不同行业、不同层次的战略性新兴企业，要创新金融工具，对其进行金融支持，同时需要多层次的审核制度进行配套，多层次的监管机制进行维护。

最后，完善多层次的资本市场要“以国情为主，以借鉴为辅”。不同于大部分发展中国家建立资本市场的过程，美国的资本市场的发展采用的“由小而大”的递进方式，由小型地方市场整合至大型市场，直到证券交易所的成立，所用时间较长。而发展中国家的资本市场采用“由大至小”的方式，先建立证交所，然后再建立创业板市场，所用时间较短。所以，我国多层次资本市场体系的构建不能盲目照搬发达国家的模式，应该选择性地借鉴，根据我国经济发展所处的环境，规范、科学地构建。

二、总体框架

多层次资本市场的框架搭建，专家学者形成了两种学派观点：其一是“塔式”多层次资本市场（张淑彩，2021）。在该框架中，分为不同的资本层级，最顶端是主板市场，下面的为二板市场、柜台交易市场、区域性的股票（证券）交易市场等层级市场。最底层受众面最宽，门槛最低；越往上，受众面缩小，门槛最高。其二是“组合式”多层次资本市场，包括“两大、一小和三板市场”架构模式（刘纪鹏，吴晓求，2007），即上海证交所和香港联交所的两个大盘蓝筹股、一个深圳证交所的中小企业融资平台和三板市场。很多学者提出我国采取的资本市场模式不能照搬小国模式，而应是大国思维模式，即搭建金字塔形的多层次的资本市场，实现上交所和深交所战略分工。要让上海市场成为真正的蓝筹市场，就要有彻底的分工，但是要建立区域性的资本市场是不可能的，条件还不成熟，多架构搭建资本市场是不现实的。

我国资本市场的细分主要分为五个部分。第一部分是由主板和中小板组成的一板市场，在这里上市的主要是大型成熟企业。第二部分是由创业板和科创板组成的二板市场，面向高成长性的高科技企业。第三部分是由创新创业型中小微企业组成的三板市场，也称为全国中小企业股份转让系统。第四部分是为特定区域内的企业提供股权、债券转让和融资服务的私募市场。第五部分是由天使投资、风险投资、股权众筹组成的场外交易市场（见图 8-2）。

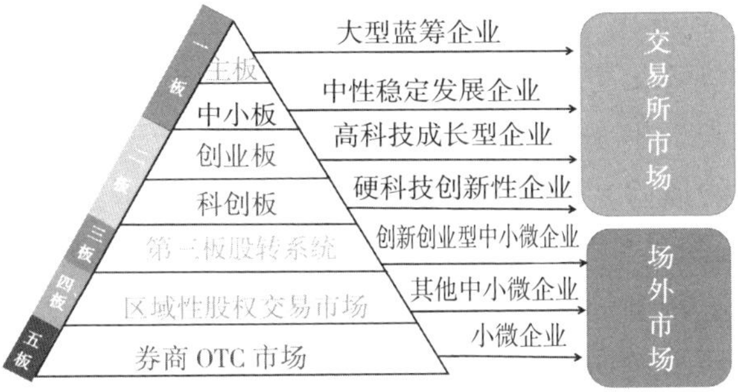

图 8-2 我国资本市场细分

虽然框架已具雏形，但由于我国资本市场起步较晚、市场激励不足，该框架存在很多不足的地方，结合我国产业发展不均衡、战略性新兴产业融资需求较大的现状，不能只限于专家们提出的“金字塔”形或者“组合式”框架，而应当注重多层次资本市场体系每个层次中“面、线、点”的构建与组合。

在五板细分市场中，由于战略性新兴产业的“新兴性”和“战略性”特征，建议在一板和二板资本市场中分别设立战略性新兴产业板块，并根据产业发展规律，设定入市标准、交易规则、转板流程和退市方式，使得处于各种发展阶段的新兴企业能够得到资本市场融资的便利。

三、多层次资本市场的完善

（一）主板市场

国际政经环境的变化、全球产业链的重构、中国企业的国际化等，都是驱动企业变革的因素。数字化转型的课题，更是所有企业必须面对的挑战。新形势下的主板市场，处在规则改革的“明斯基时刻”。现阶段中、深两市对处于成熟期阶段的战略性新兴产业的融资还是十分严格，此阶段的新兴企业需要资金推动产业向规模化方向发展。因此，新形势下主板市场不仅要对战略性新兴产业进行技术创新的支持，还要对战略性新兴产业实现规模化效应的支持。

在资金筹集方面，中国主板的增发效率并不高，走完所有流程耗时较长。财务数字转坏还会导致增发计划面对诸多质疑乃至被否决的风险。在利益相关者层面，中国资本市场投机气氛浓厚，长线投资人并不多。此外，因为公司治理问题，很多企业即使意识到了转型的必要性和必然性，在行动上仍可能滞后。在企业集体性转型的关键时刻，主板市场的既有规则，显然还不足以成为支持企业转型的理想土壤。当制度性的局限正被历史性课题放大，调整就显得急迫而必要。但也正是基于此，我们反而有理由对主板市场倾注更多期待，就像对科创板的期待一样（见表8-2）。

表 8-2 国内投资准入门槛和交易制度

品种	准入资产门槛	是否 T+0	涨停跌板
主板、中小板	无	T+1	10%
创业板	10 万元	T+1	20%
科创板	50 万元	T+1	20%
沪深港通	50 万元	T+0	无
新三板精选层	100 万元	T+1	30%
新三板创新层	150 万元	T+1	-50%，100%
新三板基础层	200 万元	T+1	-50%，100%
可转债	无	T+0	无，有熔断机制
分级基金	30 万元	T+1	10%

（二）二板市场

在我国九大战略性新兴产业下，可以分为许多细分产业，很多战略性企业处于发展的初期阶段，大量资金缺乏需要从二板市场进行融资。目前，深交所主板中小板上市公司合计1468家，占A股上市公司总数的35%，总市值23.39万亿元，占全市场的29%。二板市场和发达国家相比仍存在诸多问题需要完善。表8-3是部分国家和地区二板市场的概况。

表8-3 部分国家和地区二板市场概况

	美国纳斯达克	英国AIM	德国新市场	香港创业板
成立时间	1971	1996	1997	1999
组织方式	独立的场外市场，同时又分为全国市场和小型资本市场	附属于伦敦证券交易所，但有相对独立性	附属于德国证券交易所，但有相对独立性	附属于香港联合交易所，但有相对独立性
上市标准特点	有几个可选择的标准，只要满足其他规定条件，公司没有盈利和经营历史记录也可上市	没有制定最低的上市标准，没有上市的规模、盈利、经营年限以及最低公众持股量的要求	对盈利没有最低要求，公司营业记录必须有三年，股本必须达到一定要求	对盈利与股本没有最低要求，须有两年的活跃业务记录，公司市值达到一定要求
针对公司	中小公司	中小公司	具有高增长潜力，尤其是高科技领域的中小公司	具有高增长潜力的中小公司
监管	1. 季度披露； 2. 活跃的做市商； 3. 公司治理要求	1. 半年披露； 2. 指定保荐人与经济人； 3. 经营历史记录不满两年的，公司管理层股东有一年的售股限制	1. 季度披露； 2. 必须有两名活跃的做市商	1. 季度披露； 2.保荐人要求； 3. 公司治理要求； 4. 对管理层股东及大股东分别有半年和一年的售股限制

（三）场外交易市场

我国场外交易市场起步较晚，市场运作模式单一，更没有形成规范的监管。由于场外交易市场的融资主体信息披露不全，所以资本会通过融资信息平台等渠道来获取企业详细信息，而且资本会选择身边熟悉的企业来投资。中国的场外交易市场包括区域性股权市场、券商柜台市场、机构间私募产品报价与服务系统、私募基金市场四个部分组成。场外交易的证券品种通常都是非上市证券，它们无须符合集中市场管理者发布的严格的上市条件，故其数量庞大。与上市证券相比，场外交易的证券种类更加丰富、多样。

相关研究显示，我国场外交易市场参差不齐，建议在我国的中心城市建立区域性电子化的柜台交易市场作为多层次资本市场的最低层级——初级市场，这样可以把一些资质好但无法上市的新兴企业推向这个初级市场进行融资，集中报价、统一算核、分散成交，挂牌公司股权可采用集中竞价、连续、拆细、标准化方式进行交易，并由政府出面建立监管中心来规范初级市场。

第四节　构建促进战略性新兴产业发展的银行间接融资体系

一、由政府部门进行政策引导，创建银行和企业之间的融资信息平台

商业银行作为金融机构，它的投资、贷款等经营决策会受到国家政策的影响，没有国家政策对战略性新兴产业金融支持的强烈政策意见指导，商业银行不会冒风险去提供贷款。因此，银行的监管部门应当尽快出台对于战略性新兴产业融资的详细法规和方案，这样对于商业银行来说就有政策可依，并在后期实施中不断随着经济环境的变化修改完善，引导商业银行的资金科学有效地向战略性新兴产业投入。

借鉴发达国家对于战略性新兴产业的产品商标、商誉、自主知识产权等无形资产可以评估抵押的做法，我国也应该立法或出台政策，引导商业银行设立专门的评估机构对新兴产业的这些无

形资产进行评估，这样就可以缓解我国战略性新兴企业的担保资产缺乏的困境。在风险可控的前提下，也可以适当调高商业银行对战略性新兴企业贷款的准备金率[①]。银行信用风险主要来源于三个方面，商业银行与借款企业之外的环境风险，银行作出信贷决策之前的逆向选择问题，银行作出信贷决策之后的道德风险问题。信息不对称是阻碍战略性新兴产业间接融资的重要因素，相关政府部门应当从全局的高度出发，建立我国战略性新兴产业的信息披露机制。

就规避战略性新兴产业间接融资问题，可以从几个方面进行约束：一是从法律角度，应充分发挥法律的监督作用；二是从社会角度，应建立健全社会督促机制，提高借款人违约成本；三是从银行角度，降低贷款银行信息搜索成本并建立合理有效的内部信用评级制度。对于我国战略性新兴产业来说，也应该建立健全信息披露机制，主要包括建立银企之间的信息披露系统，银企之间融资的信息共享系统，银企之间的信息共享平台。同时，要对企业数量、规模、产能周期、供给、需求进行定期分析披露（见表8-4）。

表 8-4　企业存续期信息披露

序号	内容
PC-0	重要提示、目录及释义
PC-0-1	企业应承诺本报告不存在虚假记载、误导性陈述或重大遗漏，并对真实性、准确性、完整性承担法律责任
	报告盖章页：企业全称、公章及披露时间
PC-0-2	目录：标明各章、节的标题及对应的页码
PC-0-3	释义（如有）：对可能造成投资者理解障碍及有特定含义的名称缩写、专有名词等作出释义，应当在目录次页排印
PC-1	第一章：报告期内企业主要情况

① 刘志彪．科技银行功能构建：商业银行支持战略性新兴产业发展的关键问题研究[J]．南京社会科学，2011（4）：1-7.

续表

序号	内容
PC-1-1	企业基本情况、联系方式： (1)公司的中文名称及简称，外文名称及缩写(如有)； (2)公司注册资本、法定代表人、注册地址，办公地址及邮政编码，公司网址、电子信箱； (3)债务融资工具相关业务联系人及联系地址、电话、传真、电子信箱
PC-1-2	募集资金使用情况，公司应按债项逐一披露以下募集资金使用情况： (1)募集总金额、已使用金额、未使用金额； (2)已使用资金的用途，用途是否已变更，变更情况是否已披露，变更后用途是否符合国家法律法规及政策要求
PC-2	第二章：财务报告 本章按照交易商协会《关于执行国家关于会计师事务所从事证券期货业务政策过渡期安排的公告》有关要求，并参照《非金融企业债务融资工具注册文件表格体系》中C表(财务报告信息披露表)填报

最后，应当鼓励民间资本、风险资本、外资银行支持战略性新兴产业的发展。一些发达国家的战略性新兴产业发展较为成熟，外资银行对于新兴产业的支持也相对形成了一整套完整的支持体系，如欧洲复兴银行，向吉尔吉斯斯坦提供第二批总额为2000万美元的贷款，用于支持中小企业。

二、建立评级授信制度，建立长期合作关系

战略性新兴产业与银行之间的网络信息共享平台建立完善后，商业银行会按照一定的评级标准与含义对企业进行评级打分(见表8-5)，之后根据企业信用等级的状况实行差别化的融资政策。

表8-5　信用等级设计表及含义

级位	计分标准		级别含义
次序	下限	上限	
AAA	90	100	资信很好，支付能力强，风险极小
AA	80	89	资信良好，有较强的支付能力，风险基本无
A	70	79	资信较好，有一定支付能力，风险较低
BBB	60	69	资信一般，基本具备支付能力，稍有风险
BB	50	59	资信欠佳，支付能力不稳定，有一定风险

续表

级位次序	计分标准下限	计分标准上限	级别含义
B	40	49	资信较差，支付困难，有很大风险
CCC	30	39	资信很差，支付很困难，可能违约
CC	20	29	资信太差，偿债能力差
C	0	19	资信极差，完全丧失支付能力

商业银行对于产品技术成熟、产业规模初具、产学研链条已形成的企业会给予比较高的信用等级，并对这样的企业进行金融支持。但是授信评级之后发放贷款并不等于一切都结束，贷后管理的效率和效果还取决于贷款的结构安排。贷后管理必须在贷前或贷中作出相应的安排，银行还要主动设置风险预警触发和监控机制，有助于及早捕捉前瞻性风险预警信号，并远优于被动监察所能获取的滞后性风险预警信号。能否把风险管理内嵌到产品服务中，不但是银行授信方式、方法有别于其他市场参与者的关键差异点，而且，也是商业银行在授信业务中的比较竞争优势的体现。

三、创新金融工具，拓宽融资渠道

我国战略性新兴产业的发展特点要求商业银行的金融工具有所创新，融资渠道加以拓宽。而我国没有对战略性新兴产业和其他产业进行细分并研究各自的特点，还是按照常规模式进行审核并发放贷款，但是高风险高成长的新兴企业并没有更多的符合银行要求的抵押产品，对其提供的专利、版权、商标权等无形资产无法进行评估定价，所以现在商业银行最急切的任务就是能够根据新兴产业特点，在风险有效控制的前提下，完善动产质押融资条例，探索产业集群中企业的联保联贷等信贷模式，拓宽质押融资的范围。

要区分一般商业银行与投资银行对战略性新兴企业的资金配置（见表 8-6）。大力发展投资银行对新兴产业的投资力度，多层次支持战略性新兴企业的发展。在完善传统融资渠道的同时，还应当根据战略性新兴产业的现状和特点，积极拓宽外部渠道，加强与政府有关部门、民间资本投资公司、小额贷款公司、保险公司、担保公司和各类股权投资机构的合作，探索建立多种形式的合作联盟，探索和建立新的盈利模式。

表 8-6 商业银行与投资银行比较

	商业银行体系	投资银行体系
资源配置	以银行为主体的机构主导	市场化主体
定价机制	不完全市场化定价	市场化定价
风险管理	风险主要汇聚在商业银行体系	风险由市场化主体共同承担
发展空间	受制于商业银行的资产	受制于金融市场的广度和深度

四、改进信贷管理办法，构建风险管理机制

在我国，信用体系不够完善，企业、个人会因其短期行为而违约，致使金融市场存在巨大的风险。战略性新兴产业就是属于高风险性的新兴产业，所以，商业银行尤其要注意对战略性新兴产业融资的风险管理。主要从风险预测、风险规避和风险保障三方面着手。

首先，商业银行在招聘人才的时候要适量招聘一些新兴行业的专才，这样就可以由这样的专业人才对战略性新兴企业的现状、趋势进行全方位的风险预测，引入一些国外的适合我国国情的先进评估方法，对战略性新兴产业的融资风险进行动态管理和科学分类，在风险形成初期进行融资的风险预测，再根据预测结果及时调整融资模式和融资决策。

其次，商业银行要通过多种手段对战略性新兴产业融资风险进行规避。这种风险规避可以从三个方面入手：其一是风险预测前置，通过授信评级对较高风险企业和较低信用等级企业拒绝发放贷款，提前控制风险；其二是多家联合贷款（银保、银政等）方式把风险尽可能多地分散到更多行为主体上，减少银行风险承担权重；其三利用信息共享平台，充分了解贷款行业的发展状况，完善授信额度测算方式，并能合理预测企业的资金需求量，避免过度融资造成的资源浪费。

第五节　推动战略性新兴产业发展的融资机制创新

一、风险投资及私募股权基金

欧洲的私募股权公司也在盛衰周期里遭受了严重的损失，因为高回报率会吸引更多的资金注入，更多的资金则抬高了定价，进而降低了回报，资金流因此减少。20世纪90年代初期的经济衰退彻底击垮了整个行业，机构投资者，尤其是养老金和保险公司，退出了私募股权行业；直到20世纪90年代后期，在美国由VC推动的互联网泡沫所产生的惊人高回报率重新激起了人们对于私募股权的兴趣，欧洲的VC才得以从流动性不足的名声中翻身。

新兴市场的私募股权最早出现在20世纪70年代，通常是由附属于政府的发展金融机构推动的。从历史数据上看，新兴市场的回报率波动极大，主要原因是汇率波动、政治不稳定、不合理的法律体系、接受补贴的国家企业竞争。尽管新兴市场投资是一个高风险的投资，但新兴市场从2003年开始进入发展。在许多新兴市场中，大多数的私募股权投资是作为企业的成长资本注入，直接投资于已经有现成市场和产品的企业，这样可以减少对企业的监管。

参考其他国家对于风险的控制办法，我国应尽快出台风险投资促进法，鼓励风险投资基金与战略性新兴产业相结合，由政府引导各部门建立风险投资基金，可以把我国的养老基金、保险基金在合法、可控的基础上引入战略性新兴企业投资基金，使得战略性新兴产业能够有效地获得初始发展资金。

2020年资本市场虽然遭遇了疫情的强烈冲击，但不能阻止创投业的发展。创业风险投资资金集中投向战略性新兴产业领域，数量与金额激增。这一轮投资中，互联网行业备受青睐。

随着我国资本市场的逐步成熟和金融政策的不断完善，我国风险资本市场也在稳步发展。2020年12月8日，界面新闻第四次推出“中国顶级风险投资机构”榜单。在榜单上，IDG 资本连续三年位居榜首，红杉资本中国基金排名第二，深创投资本排在第三位，晨兴资本排在第四位（见表 8–7）。

表 8–7　2020 年中国风险投资机构排名

排名	机构名称	最近三年最具代表项目
1	IDG 资本	拼多多 美团点评 小马智行
2	红杉资本	字节跳动 / 今日头条 美团点评 拼多多
3	深创投	中新赛克 腾讯音乐 西部超导
4	晨兴资本	丫丫 小米 快手
5	金沙江创投	滴滴 饿了么 小红书

IDG 资本所投资的项目中，对部分项目进行了持续的投资，其中电子商务和企业服务、文化娱乐、金融的项目更多得到了持续的投资（见图 8–3）。

红杉资本中国基金作为风险投资公司重点关注科技与传媒、消费品及现代服务业、健康产业、能源与环保四个方向。深圳市达晨创业投资有限公司成立于 2000 年 4 月，注册资本为人民币 1 亿元。截至 2018 年统计数据，达晨创投管理基金总规模逾 300 亿元，投资企业近 500 家，成功退出 130 家，其中 75 家企业上市。达晨创投的投资领域为文化传媒、消费服务、现代农业、节能环保四大投资领域，投资于技术或经营模式有创新并具有高成长潜力的创业型企业。此外，还有华平、中科招商、启明创投等众多风险资本公司都在近 20 年来设立并迅速发展，目前风险投资公司的发展有明显加快的迹象。

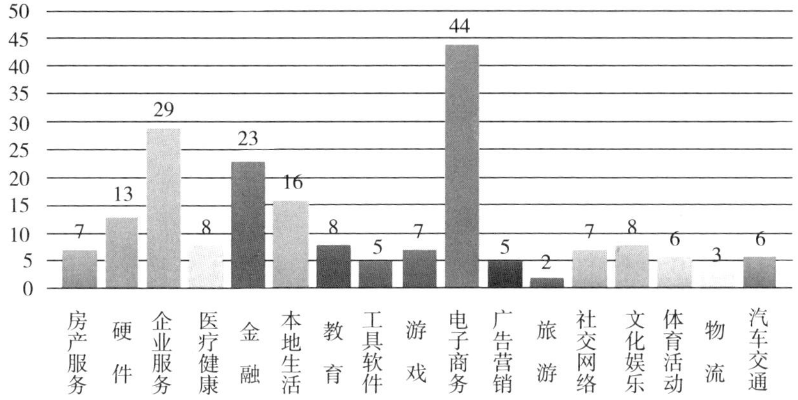

图 8-3　2015 年后 IDG 资本投资数量分布

目前对于风险投资领域而言，最需要的是政府的规范与指导，研究各风险投资公司的投资方向可以看出，这些公司几乎都与互联网媒体等有交集，战略性新兴产业也有涉足，其他领域的实体经济则较少涉及，这样集中的投资方向，虽然体现了风险资本对于新兴产业的敏感度较高，但是很大程度上可能会造成过度投资，也体现出盲目性的一面，需要政府的宏观引导，同时，也亟须建立高质量的投融资对接信息平台。

随着国民经济发展对社会资金的巨大需求，1990 年 12 月，经国务院授权，由中国人民银行批准建立的上海证券交易所正式成立，这是建国以来内地的第一家证券交易所。到 2000 年代中期，我国企业的 IPO 创造了多个“迄今为止世界最大”的纪录；2006 年 10 月中国工商银行同时在香港和上海上市，募集了 20 亿美元，估值为 1565 亿美元；中国农业银行的资本市场首秀，也是在香港和上海两地上市，在上市的第一个交易日募集到 192 亿美元。我国被一些私募股权投资者视为“世界上最具吸引力的市场”。

我国的私募股权环境仍在发展中。针对人民币基金及其与国外基金合作建立的合资企业的法律、监管和管理架构也仍在发展中。我国的私募股权市场总体上看是向好的。2010 年后期，我国政府非常积极地邀请国际私募股权公司来中国投资，并且给北京和上海这样的城市发放配额，允许国外公司能够绕开货币管制并为人民币基金募集离岸资金。相信我们国家在“十四五”会以多种开放的方式发展风险投资及私募股权基金，并对战略性新兴产业的融资起到重要的催化作用。

二、资产证券化

资产证券化是现代金融市场最重要的金融创新之一，起源于20世纪60年代的美国。我国于1992年开始了资产证券化的尝试。资产证券化提高了商业银行的资本充足率，降低了银行固定利率资产的风险，提高了货币政策传导效率。从债券市场总体情况看，央票、国债和政策性银行债仍然是主要产品，占到发行量的90%，而资产证券化比重偏小。目前国内的资产证券化产品主要在沪深两地交易所市场和银行间市场发行。发行的过程也存在一些问题，比如没有专门担保机构，市场流动性不足，投资主体单一，银行实行资产证券化意愿不强。

资产证券化的实质是将战略性新兴企业的一部分流动资产分割重组，而后通过证券发行的方式分散到更多的投资者手中（见图8-4）。

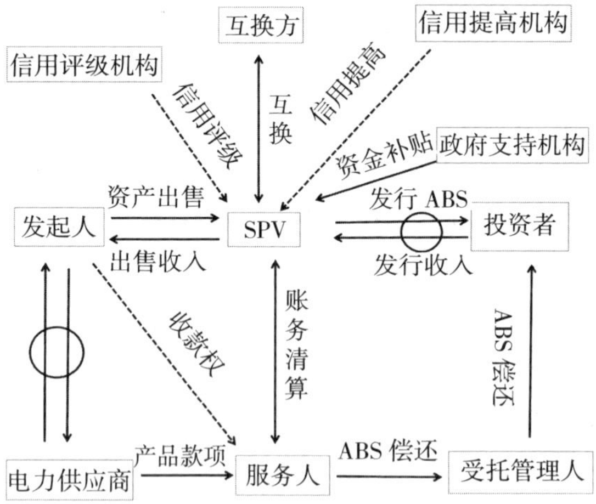

图8-4　可再生能源项目资产证券化结构

我国资产证券化应当如何发展，可以借鉴美国和欧盟各国资产证券化的发展经验，并结合我国实际国情进行。与资本市场最为发达的美国相比较而言，我国的资产证券化市场与之差异较大，主要体现在市场规模、市场主体、市场客体及证券化产品的市场评级四个方面。截至 2020 年 9 月，美国抵押贷款相关债券存量高达 10.91 万亿美元（超过 2 万亿美元被美联储持有），占美国全部债券市场规模（超过 50 万亿美元）的 21.75%，且从历史数据来看，美国抵押贷款相关债券的市场份额始终在 1/5 以上，其每年发行量市场份额亦达到 1/4 左右。2020 年我国资产证券化市场共发行资产证券化产品 2085 单，发行总规模为 28901.85 亿元，同比分别增长 42.61% 和 23.49%。其中，企业资产支持证券共发行 1453 单，发行规模合计 15563.00 亿元，同比分别增长 40.66% 和 40.41%；信贷资产支持证券共发行 184 单，发行规模合计 8230.48 亿元，信贷资产支持证券发行单数较 2019 年增长 2.22%，发行规模较 2019 年下降 12.75%；资产支持票据共发行 448 单，发行规模合计 5108.37 亿元，同比分别增长 79.92% 和 76.92%（见图 8-5）[①]。

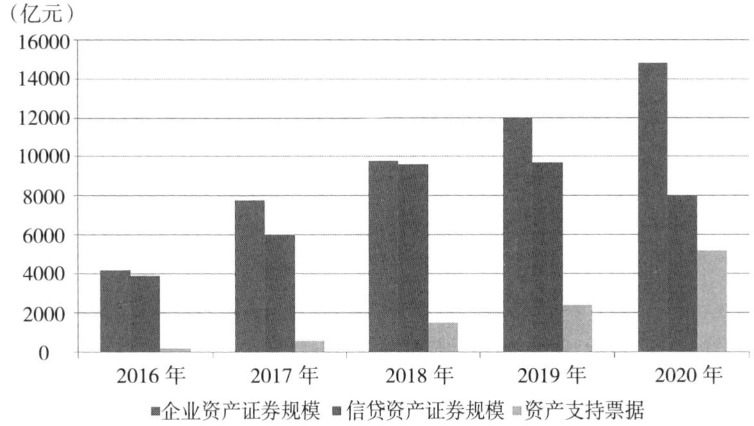

图 8-5　近年来资产证券化产品发行情况

就市场参与主体而言，我国资产证券化市场中参与主体较少，主要为政策性银行、国有银行、股份制银行和城市商业银行等金融机构，而美国的资产证券化市场中参与主体较多，几乎所有的金融机构都能够进行资产证券化操作。这个特点在市场客体

① 数据来源：CNABS（http://www.360doc.com/content/17/0224/12/36864145_631640580.shtml）.

中也较为明显,我国资产证券化市场产品类型较少,相比较而言,美国的资产证券化市场的产品较为丰富。此外,我国的证券评级机制尚不完善,也在一定程度上制约了资产证券化的发展。

我国资产证券化市场的发展应该遵循健全市场评级等机制、扩展市场主体、多样化市场产品,进而扩大市场规模的路径。此外,资产券化市场的风险控制建设也要同时进行,这些需要政府和市场的共同努力。以欧洲中小企业贷款证券化为例,德国复兴开发银行(KfW)发起的促进中小企业贷款证券化平台、西班牙政府发起的 FTPYME 计划,以及欧洲投资基金提供的信用增级活动等都是各国政府为支持资产证券化而做出的努力。这些平台在实践操作中,扮演了风险分割、证券承销、票据担保、双边担保和信用违约互换等多种角色,极大地促进了资产证券化市场的向前发展和风险管控,这些经验值得我国借鉴。

三、融资租赁

1979 年,荣毅仁创办中信公司,并决定引进融资租赁。1981 年,中国第一家融资租赁公司东方融资租赁公司在北京成立。之后陆续成立了多家融资租赁公司,主要以中外合作公司为主。当时的融资租赁公司对我国的经济快速发展起到了关键作用。民航业利用融资租赁引进了波音的新机型,由于与外方的合作,引进不少国外先进设备,促进了企业的发展。直到 2004 年商务部与银监会下发了对融资租赁的监管办法,融资租赁公司呈规模增长。图 8-6 显示出了融资租赁的法律关系。

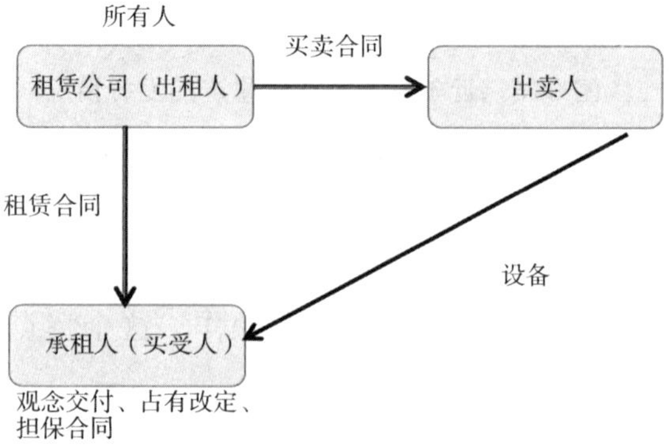

图 8-6 融资租赁法律关系

融资租赁相对于传统的融资方式而言具有一些特有的优势，其一，融资租赁可以克服银行间接融资顺应经济周期的弊端，融资租赁合同的期限和条款较为稳定，能够稳定地为企业提供支持；其二，融资租赁能够在一定程度上解决银行信贷的“道德风险”问题，由于融租赁提供的是实物而不是资金，可以有效避免贷款方用银行资金从事高风险活动的可能；其三，融资租赁交易成本较低，手续简单且期限一般较长，能够使企业在较长时间段内分摊成本，缓解了企业一次性投入大量资金的财务压力；其四，提高企业经营效率，化解产能过剩的难题，对于出租方而言，出租方的设备和厂房等资产能够不断地循环出租给不同的承租方，从而获取利润，而对于承租方而言，既不用占用承租方的大量资金，又不占用承租方的库存，不会造成承租方的过度投资，并有利于承租方及时更新换代设备和技术，进而在市场空间争夺中获得主动权。

融资租赁公司的融资问题制约了行业的发展，金融制度、监管方面的创新已成为当务之急。传统的融资渠道有银行贷款及保理、股东增资、发行债券、公司上市；创新融资渠道有保险资金、依托投资基金、私募股权投资基金、资产证券化等。对于新能源中的风电、水电、核电以及半导体新材料重资产行业，产业发展前期都需要巨额的资金支持。融资租赁模式能够减少前期支出，这会有效缓解战略性新兴企业成长初期的资金困境。

目前在我国推行“一带一路”倡议下，融资租赁将面临前所未有的发展机遇，但是也存在一些问题，主要包括四个方面：政策性支持较低；市场规模主体偏少；市场定位较高；市场宣传较弱。建议根据融资租赁的运作特点和发展趋势，尽快制定完善相关法律法规，规范市场行为，减少交易风险，放宽市场主体准入门槛并鼓励金融创新，加强金融人才体系建设，推进我国融资租赁的快速发展。

四、商业信用融资

一般人对间接融资只理解为贷款融资，事实上，商业信用融资常常是企业重要的间接融资来源。应付账款、其他应付款、预收账款、应付票据等是基于互相信任基础上，企业获得的商业信用资金。当企业不能顺畅从银行贷出款项，商业信用将会成为银行信贷的重要替代方式，并且商业信用能够为企业在不同条件下的发展提供更多的流动性和弹性。

总体来说，商业信用融资具有操作简单、融资成本低等诸多优点，但是也存在一些不足，最主要的缺点有两方面：一方面，提供商业信用的企业的资金将被短期占用，如果企业在经营过程中出现流动性不足的问题，就只能通过举债来解决，这又会增加企业的运营成本和财务风险；另一方面，也是最主要的一点，即信用风险，债务的拖欠和违约将会给提供商业信用的企业带来巨大的损失。而这些缺点的最根本原因是制度的不健全和监管执行不力造成的。

2004 年顺驰房产公司的成功就充分利用了商业信用融资的功能。顺驰公司当时拍卖北京领海项目，首付 30%，后续资金是在后两年内付的，这给公司的资金流赢得了宝贵的时间。新的经济发展背景下，发展商业信用成为我国战略性新兴产业融资的重要来源之一，可以从以下几个方面强化。

一是加强上下游企业的合作关系，提高各主体的盈利能力。通过加强合作，使新兴企业在全球市场上的竞争力提升，在竞争中赢得先机。二是建立健全规范的商业信用体系。例如，设定合理的商业信用的融资利率，设定付款期限，对企业的商业信用的存量与流量比例设定上限等。三是建立商业信用风险管理机制，控制商业信用的规模，给其设定一个合理的区间；将商业信用的监管方式修改为事前、事中、事后的全程监管，建议建立信用管理部门，对客户的经营能力、资信状况进行动态跟踪。四是建设商业信用保险体系，商业信用保险体系的建立能够有效帮助企业规避信用风险，降低承担道德风险的程度，转嫁坏账风险，帮助企业渡过流动性不足的难关。

五、国际融资

从 19 世纪伦敦国际金融中心成立至今，国际金融市场经历着由集中到分散，又由分散趋向集中的过程。国际融资的主要特点是资金来源更加广泛,融资方式更加多样化,通过全球范围内的资金筹集与资金配置,实现筹资成本最低化和资本收益最大化。对比影响力大的几种国际融资债券,欧洲债券融资由于其币种多样化满足了各国企业巨额资金的需求。又由于欧洲市场是完全自由的市场,不存在限制和标准,资金调拨方便,银行林立,业务经验丰富,融资类型多,电信联系发达,成为国际融资的首选债券之一。

随着全球经济一体化和金融自由化的推进,资本开始在全球范围内进行更大范围的优化配置,各国的融资主体能够利用国际融资方式筹集到需要的资金。我国的战略新兴产业应在扎根国内资本市场的同时,主动拓展国外市场,在全球的范围获取资金的融通。主要有以下几种。

一是采取直接融资的方式,包括国际股票融资,这种融资方式有利于企业改善经营管理,开拓产品销售市场,开展国际化经营。国际股票是所有权凭证,收益随股价波动,虽然流动性强,但风险大。我国战略性新兴产业在我国创业板融资的困难度较大,可以通过国际融资方式向发达国家地区发展较为成熟的创业板市场进行直接融资。

二是外国直接投资方式。外国直接投资是长期资本流动的一种主要方式,它不同于短期资本流动,要求投资主体在国外必须有实体,并直接从事经营活动。外国直接投资表现为资本的国际转移和拥有经营权,即货币投资形式和实物投资形式皆有。它通过参与、控制企业经营权获得利益。我国战略性新兴产业是我国的支柱产业,一般要由国人来控制、经营,所以采取外国直接融资的形式较少。

三是海外风险投资和海外天使投资基金。海外风险投资早期集中于美国、英国、日本、加拿大、澳大利亚等国家。这些国家主要把资金投向超导体产业、高新技术产业、智能机械产业,这些资金的投入分担了高新技术企业运营者的风险,增加了新兴产业的数量,并推动了新兴产业的快速发展。海外风险资金主要来源于一些基金、银行控股公司、保险公司、富有阶层、投资银行和非金融机构。近年来,海外风险投资对我国战略性新兴产业的发展表现出了浓厚的兴趣,资金的投入也在逐渐增加。海外风险投资和海外天使投资基金的流入不仅为企业的经营管理献计献策,还能为中小型的战略性新兴企业提供一次性的前期投资,为企业的平稳起步奠定基础。

四是IFC国际投资。IFC是国际金融公司的简称,是世界银行的集团成员之一。2008年中国银行率先与IFC合作,成功办理国内第一笔IFC担保项下福费廷业务。IFC业务最主要的特点是针对性强、价格具有竞争力、支持多种贸易结算工具。针对的客户主要是开拓新兴市场的国内企业和银行核定授信额度较少的中小企业。

参考文献

参考文献

[1] 梁茹，凌江怀 . 战略性新兴产业金融支持研究 [M]. 北京：科学出版社，2013.

[2] 中华人民共和国国家统计局 . 中国统计年鉴 [M]. 北京：中国统计出版社，2018.

[3] 中国工程科技发展战略研究院 .2019 中国战略性新兴产业发展报告 [M]. 北京：科学出版社，2018.

[4] 石璋铭 . 战略性新兴产业发展的金融支持机制研究——基于金融发展的视角 [D]. 武汉理工大学，2014：3

[5] 陶春生 . 金融发展、金融结构与经济增长 [M]. 北京：经济科学出版社，2015.

[6]李晓华，吕铁 . 战略性新兴产业的特征与政策导向研究 [J]. 宏观研究研究，2010（9）：20–26.

[7] 吴海燕 . 跨境电子商务企业绩效影响因素实证分析 [J]. 商业经济研究，2017（07）：89–91.

[8] 吴海燕，张国卿 . 环首都经济圈承接产业转移的金融体系调整 [J]. 宏观经济管理，2017（4）：46–50.

[9] 2017 年战略性新兴产业上市公司发展报告，http：//www.jzcx.net/article/699.html.

[10] 吴海燕 ."营改增" 对企业财务绩效影响——以山西 JH 公司为例 [J]. 农场经济管理，2017（09）：38–40.

[11] 吴海燕．创新创业实践教育与课程体系融合机制研究[J]. 山西大同大学学报，2021（4）：201-206.

[12] 吴海燕．股权资金供给增长视角下的 PPP 股权投资研究 [J]. 产经评论，2021（10）：54-59.

[13] 吴海燕．探究大同市金融支持战略性新兴产业发展的途径研究——基于国际经验及启示 [J]. 企业科技与发展，2021（10）：91-95.

[14] 吴海燕，张国卿．互联网时代企业竞争有何制胜之道 [J]. 人民论坛，2016（31）：128-129.

[15] 马克思资本论（第三卷）[M]. 北京：人民出版社，1975.

[16] 亚当 · 斯密．国民财富的性质和原因的研究 [M]. 北京：商务印书馆，1972.

[17] 约瑟夫 · 熊彼特．经济发展理论 [M]. 北京：商务印书馆，1990.

[18] 饶萍．资本结构、政府补助对企业研发投入的影响——基于创业板上市公司的实证检验，2018（1）：42-44.

[19] 刘赣州．论中部地区产业结构优化升级的金触支持 [J] 学术界，2005（5）：55-59.

[20] 陈伟国，张红伟．金融发展与经济增长 [J]. 当代经济科学，2008（3）：49-56.

[21] 陈宗涵．企业专利信号与企业价值评估 [J]. 上海经济研究，2017（10）：105-114.

[22] 发改委：瑞典、丹麦、德国和意大利生物质能开发和利用考察报告，http：//www.sdpc.gov.cn/nyjt/dcyyj/t20050928_44092.htm.

[23] 张湧．以全能银行为基础的德国企业融资模式评述 [J]. 经济评论，2004（1）：88-92.

[24] 日本三井住友银行官网，http：//www.smbcgroup.com/emea/sfde/energy/renew.

[25] 张小水．环保投资与效益的国际比较研究 [D]. 陕西师范大学，2009.

[26] 曹玲．日本新能源产业政策分析 [D]. 吉林大学，2010.

[27] 陈立欣．日本节能政策与实施 [D]. 东北师范大学，2008.

[28] 贾若祥 . 日本节能经验及对我国的启示 [J]. 宏观经济管理,2008（5）: 73-74.

[29] 雷鸣 . 日本节能与新能源发展战略研究 [D]. 吉林大学,2009.

[30] 李茜 . 日本节能及新能源汽车产业发展动向 [J]. 综合运输,2009（1）: 72-75.

[31] 中商情报网, https: //baijiahao.baidu.com/s？ id=1643880281985985593&wfr=spider&for=pc.

[32] 中国银行保险监督管理委员会, http: //www.cbirc.gov.cn/cn/view/pages/ItemDetail.html? docId=970583&itemId=954.

[33] 深圳证券交易所官网, http: //docs.static.szse.cn/www/market/periodical/month/W020210303553006312942.html.

[34] 刘志彪 . 科技银行功能构建: 商业银行支持战略性新兴产业发展的关键问题研究 [J]. 南京社会科学,2011（4）: 1-7.

[35] CNABS, http: //www.360doc.com/content/17/0224/12/36864145_631640580.shtml.